제주 4·3생존자의 트라우마
그리고 미술치료

제주 4·3생존자의 트라우마 그리고 미술치료

김유경 · 김인근 공저

학지사

"4 · 3에 대한 얘기를 어디 가서 들어 보고 의논한다는 것은

말도 안 되고 말할 수도 없었지."

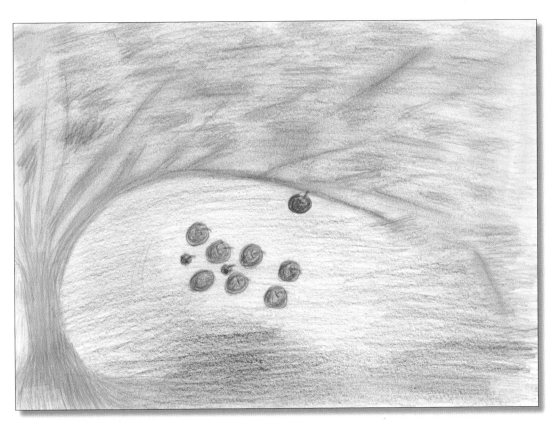

4 · 3 태풍이 부는 거. 고문하고 총살시켜 버리고.

다른 곳은 난리가 나도 설마 우리 집에 그런 일이 오리라고는 생각도 안 했어.

그런데 4 · 3 태풍이 우리 집으로 불어 들어온 거야.

이 나무한테 태풍이 불어오니 우리 식구들은 모두 떨어져 버리고.

나 혼자만 나무에 덩그러니 매달려 있는 거.

추천의 글

　제주 4·3은 한국 현대사에서 중요한 의미를 지니고 있음에도 사건 발생 50년이 지난, 1990년대 말이 되어서야 재조명되기 시작했다. 2만 명에서 3만 명에 이르는 무고한 사람들이 희생된 상흔의 역사에 대해 그동안 침묵한 채 살아온 4·3생존자들을 생각하니 마음이 매우 아프다.

　이 책은 고통의 역사를 어떻게 치유해야 하는가에 대한 방법론적 제시로, 미술치료라는 렌즈를 통해 미시적으로 접근하고 있다. 미술치료는 내면의 변화를 촉진하는 데 미술의 힘을 사용하는 심리치료로서, 내면의 모습이 투영된 이미지를 통해 마음을 알아 가는 것이며, 이 과정에 미술치료사가 동행하여 '우리는 함께한다.'는 메타 메시지와 신뢰감을 바탕으로 이루어진다.

　여기서 소개하는 이야기는 한 여인의 생애사이자 우리 민족의 역사로, 4·3생존자 김인근은 화자 역할을, 김유경은 청자 역할을 하면서 오랜 시간 역사의 현장을 공유한다. 대체로 4·3생존자들은 자신만이 살아남았다는 죄책감과 이념에서 비롯된 낙인찍힘으로 겪게 된 심적 고통, 희생된 가족에 대한 그리움과 비통함이 생활 전반에 드리워져 이들의 가슴은 한과 설움, 억눌림으로 가득 메워졌다 해도 과언이 아니다.

　그러나 김인근은 미술 작업을 통해 이와 같은 감정을 털어놓음으로 인해 어느 정도 무거운 마음을 내려놓을 수 있었고, 김유경은 자칫 묻힐 수도 있었던 비극의 역사를 경청하고 기록하는 과정에서 값진 경험을 했을 것이다.

　오랜 노고 끝에 출간된 이 책은 언어로 이루어지는 인터뷰의 한계를 그림이라는 시각적 이미지가 보완하여, 4·3생존자의 트라우마를 심층적으로 보여준다. 많은 독자가 이 책을 통해 4·3생존자들의 아픔과 인권에 대해 다시 한 번 생각하는 기회가 되길 바란다.

최외선(영남대학교 명예교수)

서 문

　나의 초등학교 시절은 반공 교육이 철저하던 시대였다. 수업 중 사이렌이 울리면 책상 아래로 몸을 숨기던 반공 훈련과 반공 글짓기, 반공 웅변대회 등 학교 교육에서 '반공'은 빠질 수 없는 핵심어였다. 당시 어느 도덕 시간, 나는 교재에 수록된 삽화에서 눈을 뗄 수 없었다. 한 남자의 두상과 얼굴이 투명 비닐에 씌워져 묶여 있었기 때문이다. 삽화는 북한의 인권 실태를 싣고 있는 부분이었는데, 순간 나는 충격과 함께 이념의 차이가 죽음을 고통스럽게 할 수 있다는 생각이 혼란스러운 상태로 흡수되었다.

　이념의 대립은 한국전쟁 이전인 제주 4·3에서 이미 나타났다. 그 과도함은 제주 사회에 엄청난 비극을 초래하였고, 이로 인한 상처는 아직도 치유되지 않은 채 생존자의 삶에 트라우마로 남아 있다. 우리는 이들의 트라우마를 외면할 수 없다. 왜냐하면 동일한 시대, 동일한 공간에서 공존의 삶을 살고 있기 때문이다.

　이 책은 4·3 당시 열네 살이던 소녀가 여든 살 즈음의 나이가 되어 그동안 말할 수 없었던 4·3의 기억을 인터뷰와 그림을 통해 표현하고 있다. 박사논문의 연장인 이 사례는 학위를 마친 후에도 김인근과 지속적인 추후 인터뷰를 가져 총 3년 2개월(2009년 9월~2012년 11월)의 미술치료 과정을 기록한 것이다.
이 책을 통해 제주 4·3 트라우마가 개인의 삶에 얼마나 큰 영향을 끼치고 있
는지 알고 동시에 4·3생존자들의 목소리에 귀 기울이길 바란다.

　이 책의 결실은 기꺼이 자신의 이야기와 실명 공개에 자원해 준 김인근과
부군 김용담, 자녀들의 협조와 배려가 있었기에 가능하였다. 이 지면을 통해
김인근과 그 가족에게 다시 한 번 감사의 마음을 전한다.

2014년

김유경

목서운 4.3

4.3은 지옥 같은 4.3

4.3은 눈 어둡고 귀 막고 말 못하는 4.3

4.3은 누구를 위한 4.3인가?

4.3은 억울한 말을 못하는 4.3

4.3은 상처 동자까지 총살하는 4.3

4.3은 부모 형제 친족도 그 내력을 모르는 4.3

4.3은 죄 있는 사람 없는 사람
       구분도 못하는 4.3

무서운 4·3

4·3은 지옥 같은 4·3

4·3은 눈 어둡고 귀 막고 말 못하는 4·3

4·3은 누구를 위한 4·3인가?

4·3은 억울한 말을 못하는 4·3

4·3은 삼척동자까지 총살하는 4·3

4·3은 부모형제 친족도 그 내막을 모르는 4·3

4·3은 죄 있는 사람 없는 사람 구분도 못하는 4·3

부모 형제여!

눈빛으로 사랑을 주시고

귓속 말로 사랑을 주시고

따뜻한 가슴으로 사랑을 주시고

저를 갓난 아기처럼 사랑을 주시던 부모 형제 여!

태풍 바람이 불면 부모 형제들이 억울해서

몸 부림 치는 것 같고

비가 오면 부모 형제가 쪼그리고 앉아서 우는 것 같고

햇빛이 나면 모든 생각을 잊으시고 웃는 것만 같은

부모 형제 여!

이런 저런 부질 없는 생각을 하면서 울며

세월은 보내다 보니

어느덧 77 세가 되었습니다

아버지 어머님 보고 싶습니다.

부모형제여!

눈빛으로 사랑을 주시고, 귓속말로 사랑을 주시고
따뜻한 가슴으로 사랑을 주시고, 저를 갓난아기처럼
사랑을 주시던 부모형제여!
태풍 바람이 불면 부모형제들이 억울해서 몸부림치는 것 같고,
비가 오면 부모형제가 쪼그리고 앉아서 우는 것 같고,
햇빛이 나면 모든 생각을 잊으시고 웃는 것만 같은 부모형제여!
이런 저런 부질없는 생각을 하면서 울며 세월을 보내다 보니
어느덧 77세*가 되었습니다. 아버지 어머님 보고 싶습니다.

---

* 이 글은 2011년에 쓴 것이다.

일러두기

1. 트라우마(trauma)
   전쟁, 사고, 자연재앙, 폭력 등 생명을 위협하는
   충격적인 사건을 경험한 사람이 두려움과 무력감,
   몸서리치는 공포감으로 반응하는 것을 말한다.
   이러한 경험들에 대하여 아무도 도와줄 수 없다는
   느낌을 가지고, 반복적으로 사건이 회상되며,
   다시 기억하는 것을 회피하려고 애쓴다.

2. 이 책에 소개된 그림들은 김인근이 그린 것으로
   가필하지 않았음을 알려 둔다.

차 례

제
1
부

4 · 3 발발 전

　제주 4·3사건의 배경은 극히 복잡하고 다양한 원인이 착종되어 있어서 하나의 요인으로 설명할 수가 없다. 동북아 요충지라는 지리적 특수성이 있는 제주도는 태평양전쟁 말기 미군의 상륙을 저지하기 위해 일본군 6만여 명이 주둔했던 전략기지로 변했고, 종전 직후에는 일본군 철수와 외지에 나가 있던 제주인 6만여 명의 귀환으로 급격한 인구변동이 있었다.

　광복에 대한 초기의 기대와는 달리 귀환 인구의 실직난, 생필품 부족, 콜레라에 의한 수백 명의 희생, 극심한 흉년 등의 악재가 겹쳤고, 미곡정책의 실패, 일제 경찰의 군정 경찰로의 변모, 군정관리의 모리행위 등이 큰 사회문제로 부각되었다.

　이런 분위기 속에서 1947년 3·1절 발포사건이 터져 민심을 더욱 악화시켰다. 3·1절 발포사건은 경찰이 시위 군중에게 발포해 6명 사망, 8명 중상을 입힌 사건으로, 희생자 대부분이 구경하던 일반 주민이었던 것으로 판명되었다. 바로 이 사건이 4·3사건을 촉발하는 도화선이 되었다(『제주4·3사건진상조사보고서』, 2003, p. 533).

● 제주 4 · 3 생존자 김인근

연도별 주요 기록

- 1935년(1세)−제주 화북리 출생

- 1945년(11세)−화북공립학교 입학

- 1948년(14세)−4 · 3 발발[*]

- 1949년 1월 8일(15세)−가족의 희생

- 1949년(15세)−오빠, 봄에 귀순(제주경찰서→동척회사→서울마포형무소)^{**}

---

*   4 · 3 당시 김인근의 나이는 14세. 그러나 부분적으로 13세로 이야기하고 있다.
** 군법회의 수형인 명부(국가기록원)에 의하면, 김인근의 오빠 '김호근'은 당시 나이가 '23세'이며, 형량 · 판결은 '무기', 언도 일자는 '1949년 7월 1일'로 명시하고 있다.

- 1950년(16세)—오빠, 서울마포형무소 수감 중 행방불명

- 1954년(20세)—봄에 결혼

- 1955년(21세)—첫 출산

- 1983년(49세)—어머니 작고

- 2004년(70세)—협심증 진단

- 2007년(73세)—4·3평화공원 방문

- 2008년(74세)—4·3체험담 발표***

- 2013년(79세)—현재

*** 제주4·3연구소 주최로 열린 '4·3증언 본풀이 마당'

가계도****

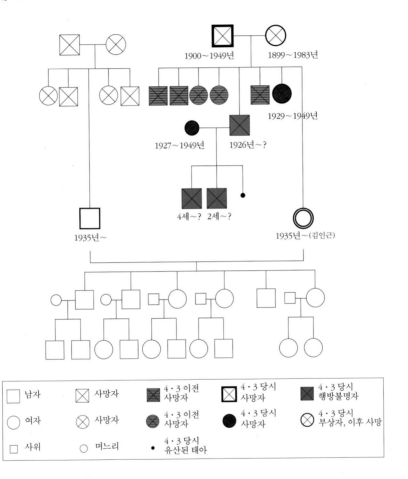

☐ 남자	⊠ 사망자	▨ 4·3 이전 사망자	⊠ 4·3 당시 사망자
○ 여자	⊗ 사망자	● 4·3 이전 사망자	● 4·3 당시 사망자
☐ 사위	○ 며느리	• 4·3 당시 유산된 태아	⊠ 4·3 당시 행방불명자
			⊗ 4·3 당시 부상자, 이후 사망

**** 김인근의 가족은 4 · 3 당시 아홉 명이 희생되었다. 작은아버지(가계도에는 표시되지 않음), 아버지, 언니, 올케와 태아 등 5명이 사망하였고, 오빠와 조카 2명은 행방불명되었다. 어머니는 총상 후유증으로 고통받다가 1983년 작고하였다.

8·15 광복 직후 제주도의 지리적 중요성이 부각된 몇 가지 사
례가 있다. 1946년 10월 21일 AP통신은 뉴욕발 기사로 "조선 제
주도가 장차 서부 태평양 지구에 있어서의 '지브롤터(Gibraltar,
지중해의 전략 요충지)'화 할 가능성이 있다."고 타전, 국내 언론
으로부터 큰 반향을 불러일으켰다. 1947년 3월 28일 이승만(李
承晩)은 방한 중인 미 육군성 차관 드래퍼(Draper)와의 회담에
서 "미국이 제주도에 해군기지를 설치하고자 할 수도 있음을 의
미하는 말을 들었다."고 언급하면서 "한국 정부가 수립되면 한
국인들은 매우 기꺼이 미국이 제주도에 영구적인 기지를 설치
하도록 할 것을 확신한다."고 말했다(『제주4·3사건진상조사보고
서』, 2003, pp. 57-58).

● **나와 가족**

부모님

어머니는 말씀하시는 걸 좋아하고 아버지는 차분하셨어. 아버지는 자식들이 무엇을 하면 칭찬해 주는 성격. 그냥 내버리지 않아. 다른 집 아이들이나 언니가 무엇을 하면 ○○는 언제나 ……하는 거 보면 참 잘해 하면서 물결 모양으로 부드럽게 말해. 너 잘한다 하고 단 한마디로 단순하게 말하지 않고.

어머니는 자그마한 키에 여름엔 모시 치마. 꼭 풀 먹여 다림질해서 **빳빳**하게 해서 입고. 아이들 굶는 한이 있어도 첫째 아버지를 위하고, 음식 하나만 보여도 일단 아버지, 음식이 적을 것 같아도 우선 아버지 먼저. 모든 걸 아버지, 아버지가 음식 잡수시다가 저 어린 것들도 더 주라 하면, 어머니는 아이들은 다들 먹었어요 해. 그러면 나는, 우린 먹지도 않았는데 먹었다고 해요? 하고.

부모님이 일할 때는 갈옷을 주로 입었어. 두어 벌씩 해서 감이 나는 계절이면 감물 들여서 바닷물에 담가 뒀다가 햇빛 아래 널어서 말려 입고.

그 당시 우리 집에 밭이 많았어. 보리, 조, 콩, 고추, 무, 양파 농사해서 시내로 팔러 가고. 한 해에 그거 저거 다 해서 돈이 생기면 큰 밭 사고, 적으면 작은 밭 사고. 부모님은 비오는 날 조금 쉬지. 그저, 일이라 일.

농사 다 하면 여름에는 쇠파리 때문에 저기 산중에 소와 말들이 오르거든. 그때는 꼴도 좋고, 나무 아래서 소들이 무럭무럭 잘 커. 그러면 열흘 만에 아버지가 소 보러 산에 올라가. 그곳에 소 돌봐 주는 책임자가 따로 있으니까. 아버지가 소 보러 갈 때는 미숫가루하고, 고기 마른 거 하고, 소 돌봐 주는 사람 도시락, 아버지 도시락을 짊어지고 갔어. 고마운 말도 할 겸 해서. 그때는 일 한 삯을 쌀로 몇 말 해서 먹여 놨거든. 아버지가 소 보고 집에 올 때는 도시락 안에 잎사귀 깔아서 산딸기, 으름 같은 산열매들을 톡톡 넣어 보자기에 싸서 가지고 왔어. 아버지가 처음 도시락에 산열매를 담고 온 날 인근아, 도시락 씻어라 해. 언니한테 시키세요 하니, 인근이가 꼭 씻어라 그렇게 말씀해. 마지 못해 도시락 뚜껑을 열어 보니 산열매가 있는 거야. 그땐 좋아서 기뻐하고.

그 이후부터 아버지가 소 보러만 가면 올레에 나가 아버지 오길 기다렸어.

[그림 1] 산열매가 담긴 도시락

아버지 모습 보이면 달려가서 그 도시락 내
가 씻을게요, 도시락 주세요 하고. 가끔 도시
락 안에 산열매가 없는 날은 도시락을 내가
왜 맡았는고, 씻기 싫은데 속으로 생각하고.
아버지가 장난으로 인근이가 산열매를 안 좋
아하는 거 같다, 다시는 안 따서 오겠다고 하
면 맛있습니다, 많이 따고 오세요 하고. 그러
면 아버지는 허허 웃으시고.

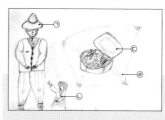

ㄱ. 아버지
ㄴ. 자신
ㄷ. 산열매가 담긴 도시락
ㄹ. 언니가 만든 보자기

그러하고 아버지가 고개 까딱까딱하는 메
뚜기 비슷한 거 잡아와서는, 말 잘 듣는 사람
은 이것도 인사를 잘 하고, 말 안 듣는 사람
한테는 절대로 인사를 안 한다고. 그러니 그
것의 다리를 잡아 버리면 절을 할 수가 없지.
그렇게 장난을 잘하시고.

오빠

오빠는 동네에서 모르는 사람이 없을 정도.
똑똑하고 공부도 괜찮게 하고. 오빠가 제일

좋아하는 건 닭싸움. 동네 닭싸움하는 데 가서 이겨서 온 날은 어머니한테 깨도 갖다 주고. 그러다가 일본에 공부하러 갔는데 오빠가 외아들이라 어머니는 손자라도 보려고 편지를 보냈어. 좋은 새각시 있다, 빨리 내려와서 결혼하라고. 그런데 오빠가 안 내려왔어. 다시 어머니가 편지를 보냈어. 어머니 많이 아팠으니 내려오라고. 그때 내려와서 결혼식을 했어.

친언니

올케언니가 아기 보고 임신을 하니 주로 언니가 밥을 지었어. 청소하는 것도 언니. 아버지가 오면 손, 발 씻는 물 떠 가는 것도 언니. 이제 같으면 내가 했으면 좋을 텐데, 꾀부리면서 그걸 하지도 않았어. 마루라도 닦아라, 현관이라도 쓸어라 해도 내가 삐빅거리며 안 했어. 그러면 언니가, 나 죽어서 가면 공 갚아 줄 테니 그거 좀 하라고 항시 그 말을 했어. 그때는 그 말이 무슨 말인지 몰랐는데, 나 죽어지면 너 잘 되게 해 주마. 왜 그렇게 말 안 듣느냐 하는 말이야. 지금 언니만 살아 있다면 내가 벗을 삼을 것인데.

그러하고 옛날에는 '모둠'이라고 하는 것이 있었어. 친구들끼리 쌀 모아서 떡 해 먹는 거. 언니가 모둠하러 갈 적에는 어머니한테 쌀 몰래 가져간다고 말해 버려야지 하면, 갔다 와서 사탕 사 줄게 하고. 어디 갈 때는 언니가 나 업어 줬으면 하는 마음에 삐딱삐딱 걸어가고 있으면, 등에 확 매달리라 하면서 업어 주고. 언니 친구들 노는 데 쫓아가서 춤추면서 놀기도 하고. 지금 생각하면 언니와 떨어져서, 언니가 친구들과 편안히 만나도록 해 주었으면 좋았을 것을. 내가 왜 울며불며 따라갔는지 몰라.

언니는 그렇게 착하고 바느질도 잘했어. 저고리, 치마 싹싹싹싹 만들고. 헌옷 재단해서 내 옷도 만들어 주고. 욕할 때는 눈 크게 떠서 아이구 참! 하는 그런 모습 생각나고. 잘할 때는 칭찬해 주고.

집에서 일할 때는 몸뻬 입고. 모임 나갈 때는 유동 치마 입어서 가고. 흰 저고리에 까만 유동 치마. 유동 치마 안 입을 때는 잉크색 치마. 연한 잉크색 치마 위에 색깔 있는 저고리 입고.

[그림 2] 친언니. 좌-일상 시, 우-외출 시

그리운 나의 언니

어디 가면 언니 목소리를 들을까요?

하늘 나라 입니까?

극락 세계 입니까?

지옥 입니까?

어디 가면 언니 목소리를 들을까요?

언니 너무 보고 싶은 언니!

상상으로 언니의 그림을 그려 놓고

한 없이 울었답니다.

나는 앞으로 꾹 참고 살겠습니다.

언니, 언제나 나에게 하던 말

한마디 하겠습니다.

"죽으면 꿈 갚아주마" 하던 말

자꾸 생각이 납니다.

                        동생 인구 올림

그리운 나의 언니

어디 가면 언니 목소리를 들을까요?
하늘나라입니까? 극락세계입니까? 지옥입니까?
어디 가면 언니 목소리를 들을까요? 언니, 너무 보고 싶은 언니!
상상으로 언니의 그림을 그려 놓고 한없이 울었답니다.
나는 앞으로 꼭 참고 살겠습니다. 언니, 언제나 나에게 하던 말
한마디 하겠습니다. "죽으면 공 갚아 주마." 하던 말
자주 생각이 납니다.

동생 인근 올림

초등학교 시절

대여섯 살에 어리광을 부려야 할 텐데, 여남은 살 넘도록 어리광을 부렸어. 어리광이 심해서 무엇을 할 줄을 알까, 무엇 하나 만들 줄 알까. 친언니는 어리광도 징그럽다고 말할 정도. 심부름시키면 핑계 대서 안 가고.

어머니가 일하러 가면서 집 지키라, 물 길어오라 하면 아주 싫어했어. 친구들과 놀지 못하니까. 어머니 올 때까지 기다리려고 하면 뼈가 빠개지는 것 같고. 친구들과는 오자미, 고무줄, 공기, 남의 땅 따먹는 거 주로 하고. 숙제는 대충해서 들어 던져 두고, 어머니한테는 오늘 숙제 많이 했습니다 해서 놀고.

(학교에서) 일본어 공부할 때는 선생님이 우리나라 말로 풀이해 주고. 만일에 일본 말로 '네꼬'라고 하면 우리나라 말로 '고양이'라고 해 주고. '부다'라고 하면 '돼지'라고 해 주고. 그런 걸로 숙제도 내 주고. 시험 볼 때는 동물 그림 밑에 일본 글로 적으라고 하고. 그렇게 하다가 1학년 2학기부터는 ㄱ, ㄴ으로 들어가기 시작했어. '어머니' 하면 '어머니'. '아버지' 하면 '아버지'라고 외우고. 일본 말 '가, 기, 구, 게, 고' 배우다가 우리나라 말 '아, 에, 이, 오, 우' 하니 뒤죽박죽. 그렇게 해도 ㄱ에 ㅑ 하면 '갸' 되고, ㅇ에 ㅑ 하면 '야' 되는 것이 그거 재미나는 거야. 책 읽으면서 말이 되면 그거 신나는 거야. 산수보다도 국어가 제일 재미있었어. 학교 가면 극락이야.

소풍 갈 때는 어머니가 도시락에 흰 쌀밥하고 계란 하나 해 준 것이 전부.

어머니가 잘 생각한 날은 계란 몇 개 더 삶아서 그 동글동글한 거 톡 넣어 주고. 친구들과 동그랗게 앉아서 도시락 먹고 있으면 어떤 아이는 도시락 안 가져와서 나무 아래 앉은 아이도 있어. 이리로 와서 같이 먹자고 해도 안 오고. 어떤 아이는 집에서 먹던 밥하고 김치만 넣어서 오는 아이도 있고. 그러던 시대에 계란 두어 개 삶아서 도시락에 넣어 주면 아주 신나는 거야.

어머니는 도시락에 그거 하나 꼭 넣어 줬어. 강낭콩. 강낭콩 삶아서 도시락 밥에 폭폭폭 넣어 주면 소풍 가서 점심 먹을 때는 밥만 먹고, 강낭콩은 폭폭폭 골라서 손에 쥐었다가 나중에 먹었어. 그러니 아이들이 그거 과자냐고. 강낭콩을 밥이랑 옴짝옴짝 먹으면 될 건데, 밥 먹으면서 그 강낭콩을 손에 불끈 쥐어서 나중에 먹었어. 지금 생각하면 어이가 없어.

그때 보물찾기도 하고 노래도 부르고. 친구들이 앞에 나가 노래 부르고 있으면, 저 아이도 부르는데 나는 왜! 하면서 멱따는 소리라도 같이 노래하고 싶어 하고. 아이고, 어떻게 할까 하는 부끄러운 생각이 없었어.

당시 학교에서 최고로 잘 뛰는 아이가 있었어. 조금 야무지지 못하고 남의 아이 가방만 들고 다니던 아이. 달리는 것에는 걔 이겨 볼 아이가 없어. 운동회 때 준비 땅! 해서 아이들이 막 뛰는데, 걔가 천 리를 가다가 내 뒤에 달려 줬어. 나중에 너 왜 그렇게 했니? 물어보니, 자기가 1등 해 버리면 내가 닦달할까 봐 그랬다는 거야(웃음).

[그림 3] 줄넘기 놀이

열두 살까지는 쾌활해서 남이 줄넘기 한 번 하면 나는 두 번을 뛰어야 속 시원하고. 오자미 던지는 것도 남보다 한 번 더 던져야 속 시원하고. 머리에는 친언니가 사 준 반짝이 닮은 나비 리본 꽂고. 운동화는 오빠가 일본에서 사다 줬어. 누워서 잘 때는 책보자기 옆에 톡 놔뒀다가 뒷날 신고 가고. 그렇게 운동화를 아꼈어. 세상에 나 같은 신발이 어디 있을까 하면서. 그때는 고무 타이어 신발 그것만 신을 때야. 여자는 리본 달린 타이어 고무신. 남자는 리본 없는 것.

운동회날 사람 찾기 경기할 때(그림 4), 뛰어가서 보니 (종이에) '안경 쓴 사람과 손잡고 뛰세요.'라고 써 있는 거야. 이제 같으면 본부석 가서 안경 쓴 어른 아무나 확 잡고 뛰었으면 내가 1등을 하다가도 남을 텐데, 그때는 안경 쓴 사람 나와 주세요! 소리쳐도 죽어도 안 나와. 그래도 계속 소리치니 어떤 할아

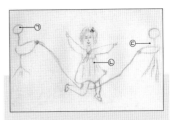

ㄱ, ㄷ. 친구
ㄴ. 자신

[그림 4] 초등학교 운동회

버지가 안경만 벗어 주면서, 나는 달릴 필요
없다 하는 거야. 안경은 벗어 줘도 안 달리겠
다고. 다시 내가 안경 쓴 사람을 데려오라고
합니다 하니 아이, 참말로! 해. 겨우 그 할아
버지 손잡고 달려서 3등을 먹었어. 상품으로
빨래 비누 받고. 경기 끝나서 할아버지께 비
누를 드리려고 찾아보니 찾을 수 있어야 말
이지. 운동장 몇 바퀴 돌아서 겨우 찾았는데,
냇가에서 식사를 하고 있어. 할아버지, 우리
3등 해서 비누 탔어요, 비누 드릴게요 하니 아
니다! 너 가져가라, 너 가져가라 해. 난 1등을
못한 아쉬움에 할아버지, 그 안경만 주려고
하지 말고 일찍 할아버지와 뛰었으면 1등 해
서 비누 많이 탔을 텐데요라고 한마디 하고.

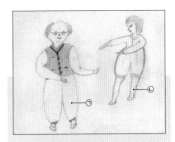

ㄱ. 안경 낀 할아버지
ㄴ. 자신

제
2
부

4 · 3 발발

제주 4·3사건은 1947년 3월 1일을 기점으로 하여 1948년 4월 3일 발생한 소요 사태 및 1954년 9월 21일까지 제주도에서 발생한 무력 충돌과 진압 과정에서 주민들이 희생당한 사건이다[「제주4·3특별법」(제2조)].

　제주 4·3사건은 1947년 3월 1일 경찰의 발포사건을 기점으로 하여, 경찰·서청의 탄압에 대한 저항과 단선·단정 반대를 기치로 1948년 4월 3일 남로당 제주도당 무장대가 무장봉기한 이래 1954년 9월 21일 한라산 금족지역이 전면 개방될 때까지 제주도에서 발생한 무장대와 토벌대 간의 무력충돌과 토벌대의 진압 과정에서 수많은 주민이 희생당한 사건이다(『제주4·3사건 진상조사보고서』, 2003, p. 536).

● **대한청년단에 가입한 오빠**

4·3의 전조

4·3은 내가 열세 살 때 일어났어. 그 전해인 열두 살 때부터 마을 분위기가 부산스러웠어. 산에 쌀 지어서 올라간다, 반찬해서 올라간다, 옷들 가져간다, 밤에 삐라 뿌린다, 산(山)사람(무장대)들이 큰길에 차 다니지 못하게 길 가운데 돌 쌓아 버린다 하는 그런 말들도 있었고.

마을과 학교가 소개되다

열세 살 때 마을이 불바다가 되었어. 산사람들이 와서 이집저집 불붙이고 학교도 불붙이고. 형편이 아니. 저기 곤을 마을은 아예 없어져 버리고. 불타기 전에 화북초등학교는 기와집이었어. 교실 바닥은 마루로 되어 있고. 한 사람에 한 명씩 앉는 조그만 나무 의자에 책상은 둘씩 앉게 하고. 그러다가 4·3 때 산사람들이 와서 불태워 버리니까 초가집 지어서 가교사를 만들었어. 공부는 교실 흙바닥에 가마니 깔아 그 위에 줄지어 앉아서 엎드려 글 쓰고.

작은아버지의 죽음

작은아버지는 우리 가족이 총살당하기 한 달 전에 돌아가셨어. 음력 11월 13일(양력 1948년 12월 13일) 소 물 먹이러 가다가. 겨울 소는 바깥에 내놓으면 기꺼워 바다닥 바다닥 뛰면서 도망가고 하거든. 그러니 작은아버지가 소 도망가지 못하게 소 잡으려고 뛰니까 9연대가 도망가는 줄 알고 그냥 총으로 쏘아 버린 거야. 그때 아버지 울면서, 불쌍한 동생 내 손으로 묻어 두고 가야지, 나는 어떻게 해서 갈지 모르지만 하면서 슬퍼했어.

대한청년단에 가입한 오빠

오빠가 일본에서 제주도 내려와 결혼도 하고 아이들도 낳고 살며, 토목과 직장을 다니고 있었는데 출근하는 아침만 되면 직장 난간에 '직장 다니면 총으로 쏘아 버리겠다, ○○에 동참하라'는 종이쪽이 있는 거야. 매일같이 출근하는 아침만 되면 그 종이쪽이 오니까 오빠가 아버지와 상의해서 한청단(대한청년단)에 들어가게 되었어. 그 당시 오빠 가족은 밖거리에 살고 부모님과 나, 친언니는 안거리에 살 때라.

여느 때처럼 오빠가 일 끝마치고 집에 왔는데, 그날 산사람들이 화북초등학교하고 마을에 불붙이러 왔다가 오빠를 산으로 잡아갔어. 나는 잠들어 있어서 날이 거의 밝아 갈 때 눈을 떠 보니 친언니하고 올케언니는 시무룩해 있고, 어머니는 대성통곡하면서 울고 있는 거야. 어머니, 왜 울고 있습니까? 하니 어머니가 아니고, 저놈들을 어떻게 하면 좋을 건고 하면서, 오빠 잡아간 산사람들 보고 욕을 하는 거야. 외아들 잡아가니까 어머니가 환장이 난 거야. 나중에 어머니 하시는 말씀이 산사람들이 오빠 보고, 너만 따뜻한 방에 있고 따뜻한 음식 먹으며 이렇게 살면 되냐! 우리와 동참해서 가야 될 거 아니냐! 하면서 오빠를 잡아갔다고 해. 그때 오빠가 옷을 얇게 입어서, 어머니가 옷 더 입고 가거라 하니, 잠깐만 다녀오겠습니다 하며 나간 것이 무소식이 되어 버린 거야.

그러니 알고 보면 우리도 피해자. 여기서가 오히려 오빠가 산에 잡혀가니 우리 가족을 위해 주어야 할 차례인데, 거꾸로 뒤집어져서 우리 가족을 총살시켜 버렸어. 그러니 한청단에서는 오빠가 없어졌으면 왜 없어졌는지 차분히 일들을 봐야 할 건데, 우리 식구를……. 짐승도 키우다가 어디로 도망가면 그 짐승을 찾아보려고 하는 원칙이 있는데, 그 한청단에 있던 사람들은 동료가 없어져도 찾아보기는커녕 오빠가 도망갔다고 하니, 이런 억울함을 어디 가서 하소연해야 될 건고. 복통이 끊어질 노릇이지. 내가 너무 답답하여 누워 있는 어머니보며 우리 이 억울함을 어디 가서 말합니까? 하니 어머니는 아휴, 조용해라, 조용해라, 그 말 듣고 싶지 않다, 아무 말 하지 말라고 하고.

그러니 이렇게도 억울한 일이 어디 있을까, 세상이 거꾸로 되어도 이렇게 거꾸로 된 일이 있을까.

관변 자료나 좌파 자료는 4·3의 발발 원인을 분석하면서 이데올로기 편향성에 초점을 맞추고 있다. 다만, 그것이 우익적인 관점인가, 아니면 좌익적인 관점인가가 다를 뿐이다. 그러나 많은 4·3 연구가들은 이런 이데올로기 문제만이 아니라 당시의 국제 정세와 한반도 문제, 그리고 제주섬의 전통과 광복 직후의 정치·경제·사회적 상황을 함께 분석, 복합적인 요인에서 4·3의 원인을 찾고 있다. 가령, 존 메릴(John Merrill)은 4·3을 특정 이데올로기적 입장에서가 아니라 국제 정치적 맥락에서 분석하면서 그 발발 원인도 "자연발생적 대중 봉기로 시작되었던 사건은 한국 내 2개의 권력 사이의 경쟁이 정면 대결로 발전되면서 점차적으로 조직화된 하나의 빨치산 운동의 성격을 띠게 되었다."고 해석하고 있다.

……대부분의 증거는 남로당이 본래 대규모 반란을 계획한 것이 아니라는 사실을 나타내 주고 있다. ……어쨌든 그 반란은 평양회의에서 남한에서의 반(反)이승만파와의 통일전선 구축을 목표로 내걸었던 남로당의 전략적 관점에서 볼 때 거북스러운 일이었다. 일단 반란이 터지게 되자 제주도민 내부에 쌓여 있던 불만, 특별한 지역적 조건, 5·10 선거를 둘러싼 가열된 정치적 분위기 등에 편승되어 사태는 통제 불능의 상태로 치달았다(존 메릴, 1980, p. 194).

(제민일보 4·3취재반, 『4·3은 말한다 2』, 1994, p. 52)

1949년 1월 8일, 가족의 희생

아버지의 고문

음력 12월 10일(양력 1949년 1월 8일)은 날씨가 쌀쌀했어. 구름은 끼어도 햇빛이 가끔 비추는 흐린 날씨. 눈은 안 오고 흐려서 이런 저런 것 가려지는 듯 햇빛 나왔다가 싹 가려져 버리고. 그 전날 전날은 사람이 빠질 정도로 눈이 형편없이 왔어. 엄청나게 눈이 쌓였는데 그 눈이 차츰차츰 녹기 시작하고 바람은 하늬바람같이 쌩쌩 불고.

아버지는 이날 아침도 보통 때처럼 화북초등학교에 성담 쌓으러 나갈 채비를 했어. 그날 난 따뜻한 방에 있었는데, 어머니가 아버지께 옷 따뜻하게 입고 가세요 하니, 모자 쓰고 두꺼운 것 입었으니 괜찮다 말하면서 나갔어.

보고 싶은 아버지

아버지 눈은 그대로 인지요?

인국이 13살 때 나 혼자 였는데

지금은 아들 딸 손자 벗을 삼아 살고 있습니다.

아버지는 이런 좋은 세상도 보지 못하고

떠나간 우리 아버지

지금은 전기불, 수도 쌀밥

살기가 매우 좋은데

아버지는 세상을 등지고 떠나가 셨습니까?

아버지가 산에 갔다 돌아올 때는

틀, 유듬, 산딸기 따다가 주기도 하고

아버지 딸 아니라고 하면서 장난도

하였을 때가 너무 좋았는데

지금은 꿈속에서 본 것 같습니다.

아버지 하늘 나라에 계시거든

달 빛 햇빛 처럼 우리 가족을 비추어 주십시오.

언제나 아버지를 그리 워 하면서

막내 딸 인국 올림

보고 싶은 아버지

아버지 눈은 그대로 인지요? 인근이 열세 살 때 나 혼자였는데
지금은 아들, 딸, 손자 벗을 삼아 살고 있습니다.
아버지는 이런 좋은 세상도 보지 못하고 떠나간 우리 아버지
지금은 전깃불, 수도, 쌀밥
살기가 매우 좋은데
아버지는 세상을 등지고 떠나가셨습니까?
아버지가 산에 갔다 돌아올 때는
틀, 유름, 산딸기 따다가 주기도 하고 아버지 딸 아니라고 하면서 장난도
하였을 때가 너무 좋았는데 지금은 꿈속에서 본 것 같습니다.
아버지 하늘나라에 계시거든 달빛 햇빛처럼 우리 가족을 비추어 주십시오.
언제나 아버지를 그리워하면서

막내딸 인근 올림

그런데 아버지가 다시 집에 와서 어머니하고 무슨 이야기를 하는가 싶더니 군인들하고 평복 입은 사람들이 와서 아버지를 잡아갔어.

조금 있으니 어머니, 올케, 조카 두 명, 친언니, 나를 잡아가고. 학교에 끌려가서 보니 4학년 교실에 아버지가 옆으로 반쯤 누워서 쓰러져 있었어. 아버지! 나 여기 있습니다, 나 여기 있습니다 소리치면서 보니 아버지 눈알이 밖으로 튀어 나와서 볼까지 쭉 하게 내려와 있는 거야. 피투성이에.

군인들이 교실에 있는 사람들한테 모두 나오라고 할 때, 아버지는 같은 교실에서 고문받던 두 사람 어깨에 부추김 받으면서 나왔지. 피투성이였어. 아버지는 고문을 심하게 당해서 걸어 나오질 못했어. 눈방울도 나오고 하니까. 눈이 안 보이는 게 문제가 아니고, 이 눈알이 빼졌다가 들어갔다가 하는 모양이야. 한쪽은 짧게 나오고 한쪽은 길게 나오고. 그저, 숨만 푸각푸각푸각. 그러니 아버지는 그 4학년 교실에서 이미 목숨이 가신 거야.

어머니가 저고리 고름을 찢어 내 코피를 막아 주다

아버지 고문당한 모습 보면서 내가 크게 소리치니 경찰이 사무실 같은 곳으로 데려가는 거야.

첫 질문이 오빠 친구들 이름 말해 봐! 하면서 소리를 쳐. 모르겠습니다 하니 뺨을 착 때려. 겁나서 주변을 보니 책상 위에 방망이하고 작은 총이 있어.

두 번째 질문은 오빠 친구들 집 가리켜 봐! 하는 거야. 우리 오빠 친구가 어느 어른이 친구인지 모르겠습니다 했어. 그러니 이젠 모르겠다고만 한다고 심하게 두드리니까 코피가 나는 거야. 코피 나니 어머니가 있는 여자들만 있는 교실로 보내졌어. 어머니는 내 코피 나는 거 보면서, 울면 피가 더 날 것이니 울지 마라 하며 입고 있던 저고리 고름을 찢어 코피를 막아 주었지. 나는 어머니도 만나고 코피까지 나니 더 크게 울면서 죽어지겠다고 하고.

교실 유리창에서 마을 사람들의 총살 장면을 목격하다

저고리 고름으로 코피 막고 유리 창문에 매달려 바깥을 보니, 바지 저고리 입고 검은 천으로 눈 가린 어른들이 일렬로 서 있고, 군인들은 총 끝에 칼 같은 거 꽂은 총으로 버버버버 쏘우니 모두 쓰러졌어. 그 장면* 보고서 벌벌벌 떨고 있었는데, 군인들이 학교 교실에 있는 사람들 다 나오라고 해. 나가 보니, 방금 마을 사람들 총살당한 그 자리에 세우는 거야. 군인들은 우리를 쏘려고 하고. 그 찰나에 어디선가 호루라기 소리가 나더니만, 우리한테 총 쏘는 거 중지시키고 앞사람 뒤꽁무니 잡고 성담을 돌아 정문 향해서 가라고 지시했어. 그런 다음에 군인들은 바사바사 모이러들 가고.

---

* 어른들은 쭈그려 앉아 고개를 숙이고 있었기 때문에 총살 장면은 볼 수 없었다.

[그림 5] 학교에서 일어난 사건, 그림 7의 좌측 상단 세부 표현

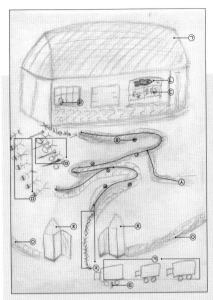

[사진 1] 제주도 해안마을마다 무장대를 막기 위해 돌담으로 성을 쌓았다(1949. 1). 「제2연대 제주도 주둔기」 앨범에서

ㄱ. 가교사

ㄴ. 고문 후 옆으로 쓰러진 아버지

ㄷ. 고문 후 벽에 기대고 있는 마을 남자 어른들

ㄹ. 유리창 밖으로 총살 장면을 목격하고 있는 자신

ㅁ. 눈에 검은 천을 두르고 총살당하는 마을 사람들

ㅂ. 총을 겨누는 군인들

ㅅ. 학교 운동장에 마을 사람들이 쌓아 놓은 성담

ㅇ. 학교담

ㅈ. 구불구불한 성담을 따라 한 줄로 학교 정문을
   향해 나오는 사람들

ㅊ. 학교 정문

ㅋ. 여자는 첫 번째 트럭, 남자는 세 번째 트럭에
   타도록 군인들이 지시

ㅌ. 트럭 아래 숨은 자신

ㅍ. 성담 중간마다 뚫린 조그마한 구멍들

산사람들이 습격해서 들어가지 못하게 이 운동장 안에 성담을 오글다글하게 쌓았어(ㅅ). 성담 중간마다 동네 사람들하고 경찰들이 숨어서 산사람들 보이면 총으로 빵! 쏘려고 구멍들 뚫고(ㅍ).

난 성담을 나가면서도 어디로 도망칠 구멍이 있을까 하는 생각만. 그런데 도망칠 데가 없어. 중간중간 군인들이 딱 들어서 있고. 도망칠 수가 없어.

구불구불한 성담을 돌아서 정문까지 나오니 학교 정문 옆에 트럭 세 대가 있어. 군인들이 우리 보고 이 차에 가! 저 차에 가! 탁탁탁탁 지시하면서 모두 타라고 하고.

머릿속에서 떠나지 않는 올케언니의 모습

올케는 임신……. 그달이 산달. 배가 이만큼 해서 걷지도 못하고 뒤뚱뒤뚱 아주 아파서. 그러는데도 잡혀갔어. 다른 사람들은 안 아프니까 트럭에 팔딱 팔딱 뛰어올랐는데, 올케언니는 차 위로 올라가질 못했어. 배도 무겁고 몸이 아프니. 그 트럭 가장자리만 잡아서(울먹임).

경찰, 군인들은 꾀부려서 안 올라간다고 올케언니를 때리고. 올케언니는 아무리 올라가려고 해도 배가 트럭 가장자리에 걸려서 올라가질 못하고. 그때 엉덩이 아파서 다리를 옮기지 못했어. 산달이니까.

차에 사람들 다 올라가고 나도 올라가서 앉았는데, 올케언니는 울기만 하면

[그림 6] 올케언니

올케 언니에게

언니, 안삭의 롬으로 시부오님 따라서
음력 12월 10일 날, 지옥 같은 날
그날을 생각하면서 계십니까?
언니 인근이는 혼자 도망쳐 살겠다고
나와서 어머님하고 사는 것이
산지옥이 었습니다.
그래서 인근이도 한두번 언니 결에
가고 싶은 적도 있었습니다.
언니 우리 집에 와서 고생만 하다가
너무 억울하게 돌아가신 언니!
언니 생각 하면 죽자고 말할 수가
없습니다.

막내 시누 인근 올림

올케언니에게

언니, 만삭의 몸으로 시부모님 따라서
음력 12월 10일 날, 지옥 같은 날
그날을 생각하면서 계십니까?
언니, 인근이는 혼자 도망쳐 살겠다고
나와서 어머님하고 사는 것이
산지옥이었습니다.
그래서 인근이도 한두 번 언니 곁에 가고 싶은 적도 있었습니다.
언니, 우리 집에 와서 고생만 하다가
너무 억울하게 돌아가신 언니!
언니 생각하면 뭐라고 말할 수가 없습니다.

막내 시누 인근 올림

서 차에 올라오질 못했어. 지금 같으면 내가
뒤로 받거든 올라가라고 하지마는 매 맞을까
봐 차에만 앉아서 언니야, 빨리 와 버려 하면
서 차에 타서 울기만 하고. 어머니도 올케언
니가 매 맞아 가면 아이고, 빨리 올라와 졌으
면 매를 안 맞을 건데 하면서 울고. 그러다가
올케언니가 어떻게 해서 겨우 차에 올라오니
반 죽은 언니가 되었어.

ㄱ. 올케언니
ㄴ. ~선으로 사람들이 울고 있는
    모습을 표현
ㄷ. 쭈그려 앉아 있는 사람들의 머리

탈출 시도-트럭에서 뛰어내리다

첫 번째 차에는 여자만 탔어. 어머니, 올케,
조카 두 명, 친언니, 나하고 동네 여자 어른
들. 세 번째 차에는 아버지하고 남자 어른들
타고. 차에 앉으니 넉넉하게 앉지도 못해. 사
람이 꽉 차게 많으니까. 트럭에 몇 명쯤 있었
는지는 정확히 모르겠는데, 쭈그려 앉아야 겨
우 들어갈 수 있었지. 콩나물이 빽빽이 있는
것처럼.

난 첫 번째 차 안에서 도망치려고 올케언니 옆에 가서 언니야, 내가 차 아래로 떨어질 수 있게 밀어 줘, 빨리 밀어 줘 하니 올케언니가 인근아, 가면 어디 가니, 도망가면 죽는다, 여기 있으면 살 건데. 그렇게 말하면서 울기만 해. 그러니 난 더 이상 올케언니한테 부탁하지 않았어.

그다음은 친언니한테 가서 언니야, 내가 차 아래로 떨어질 수 있도록 밀어 줘, 밀어 줘 하니 친언니가 울면서 만일에 도망쳐서 가게 되면 작은고모님네 집에……. 해 두고는 말을 잇지 못하는 거야. 그러니 그 말이, 만일에 도망치게 되면 작은고모님네 집에 가서 살고 있어라 하는 말이라. 작은고모네 집까지 말하고 언니가 울어 버리니 아휴, 울지 말고 나 차 아래로 밀어 줘, 밀어 줘 해도 안 밀어 줘.

마지막으로 어머니한테 가서 어머니, 나 차 아래로 떨어질 수 있도록 조금만 밀어 주세요 하니 어머니도 너 도망가면 우리 식구 다 죽을 건데, 어딜 도망가려고 하느냐, 가만히 앉아 있어라 하면서 차 아래로 안 밀어 줘.

이젠 안 되겠다 싶어서, 나대로 트럭 가장자리에 앉았다가 몰라서 떨어지는 것처럼 탁 떨어졌어. 그러니 군인들이 갑자기 몰려드는 거야. 이 빨갱이 새끼, 어딜 도망가! 하면서 총부리로 찌르면서 두들기고. 그때부턴 머리가 핑 돌고.

탈출-좋은 군인을 만나다

이젠 도망갈 데가 없어서 차바퀴 틈에 가서 숨었어. 그러니 또 경찰, 군인
들이 총부리로 일로 절로 찌르면서 차 밑에서 빨리 나와! 소리치면서 난리야.
내가 차 밑에서 살려 주십시오! 살려 주십시오! 울면서 소리치면, 이 빨갱이
새끼! 저 차에 가! 가! 하는데, 아무리 해 봐도……. 나중엔 나가겠습니다 말
해 놓고는, 워커 신발이 많이 안 보이는 데로 나가야겠다고 생각했어. 왜냐하
면 워커 신발이 적게 있는 쪽은 군인 수가 적고, 워커 신발이 많이 있는 데는
군인 수가 많으니까. 그래서 워커 수가 적은 데로 쑥 하게 나오니 군인이 내
웃옷을 잡아서 사람들이 탄 트럭 안에 끌어다가 올리려고 해. 그럴 때마다 나
는 미끄러지는 것처럼 뚜웅하게 내려오며 살려 주십시오! 살려 주십시오! 하
고. 또 차 위에 올리려고 하면 내려와 버리고. 자꾸 그렇게 하다가 말째에는
저대로 올라가겠습니다 말하는 순간 내가 막 뛰어 버렸어.

뛰어서 화북초등학교 근처, 우리 친구네 집 머귀나무 있는 데까지 갔는데,
머귀나무 꼭대기에선 군인이 총을 들고 있고, 나를 쫓아온 군인들은 도망쳤
다고 심하게 두들겨 버리니 갑자기 온 세상이 빨갛게 보이는 거야(이러한 증
상은 이틀간 지속됨). 군복 색깔이 국방색이었는데 그것도 빨갛게 보이고, 군
화도 빨갛게 보이고, 총도 빨갛게 보이고. 그전에는 빨간 것, 노란 것 모두 구
분했는데 빨간색 한 가지로만 보였어. 내가 심하게 매 맞아 가니 군인 한 명

하는 말이, 아이를 차에 넣으면 되니 때리지는 마십시오 하는 거야. 그 좋은 군인의 계급이 아래였는지 존댓말을 썼어. 때리지 말라고 하니 나는 그 군인 옆에만 쏙쏙 들어가서 의지하려고 했지.

그 순간 호루라기 소리가 나더니 군인, 경찰들이 학교 정문에 가득 모여드는 거야. 차에 탄 사람들 실어서 출발하려고 하니.

나는 나 때리지 말라고 했던 그 군인하고 차 있는 쪽으로 가고 있었어. 그 군인이 내 옆에 있어 마음이 놓였지. 이 군인은 나 안 때릴 거다 하는 마음이 있어서. 지금 그 군인만 생각하면 말도 못하게 고마워. 상사한테 욕먹을 생각했다면 나 때리지 말라는 말을 하지 못했을 텐데. 그 당시는 이런 고마운 생각도 못했지. 상황이 너무 급하게 돌아가니까. 그 군인의 명찰이 군복에 있었을 건데, 그때는 그거 볼 여유도 없고. 만일에 명찰을 봤다면 이름까지도 빨갛게 보였을 테지만, 그래도 내가 이름을 알았더라면 천하에 알릴 텐데.

그 군인이 울지 말고 어머니가 탄 차에 가자고 해. 나는 예, 예 대답만 하고. 그러는 중에 내가 다른 곳으로 뛰어 버렸어.

그때 뛰면서 아, 차 소리만 나면 부모님하고 언니, 올케, 조카가 탄 트럭은 어디론가 떠나가겠구나 하는 생각이 들었지. 그래서 차 출발하는 소리에 귀 기울여지고, 호루라기 소리에는 박박 떨어지고.

[그림 7] 1949년 1월 8일

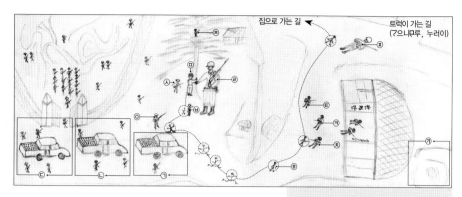

탈출 경로-1949년 1월 8일

나는 트럭에 타지 않으려고 그렇게 뛰어서 오빠가 있던 한청단으로 갔어. 그런데 한청단에서는 총과 죽창을 들고 나와 나한테 쏘겠다고 하는 거야(ㅊ, ㅋ, ㅌ). 나는 울면서 죽여 줘! 죽여 줘! 너희는 우리 오빠 있을 땐 깩소리 못했는데, 지금 내가 누구한테 죽는 것은 알고 죽겠다고 울면서 바둥바둥하니 한청단 사람들이 슬슬슬슬 본부로 들어가는 거야.

그렇게 해서 또 집으로 오는데 길에선 뛰질 못해. 뛰면 군인들이 미친 사람처럼 총으

ㄱ. 어머니, 올케언니, 조카가 탄 첫 번째 트럭
ㄴ. 두 번째 트럭
ㄷ. 아버지가 탄 세 번째 트럭
ㄹ. 좋은 군인
ㅁ. 자신
ㅂ. ㄹ의 좋은 군인과 함께 트럭으로 가는 자신
ㅅ. 자신에게 바짝 다가서서 괴롭히는 군인
ㅇ. ㄹ의 좋은 군인
ㅈ. 머귀나무 꼭대기에서 자신에게 총을 거누는 군인
ㅊ, ㅋ, ㅌ. 대한청년단에 도움을 청하러 갔으나, 총과 죽창으로 자신을 위협하는 사람들
ㅍ. 어디 갔다 오는 거냐! 다그치는 군인
ㅎ. 김인근의 이동 경로
가. 마을 공동물

로 쏘려고 하니까. 길 가던 한 군인이 나한테 어디 갔다 오는 거냐! 하는 거
야(ㅍ). 숙제 낸 책 빌리러 갔다 옵니다 했어. 그러니까 빨리 집에 가! 소리를
쳐. 집에 오니 눈물이 나고 지치고. 결국은 이불 위에서 고꾸라져 잠이 들어
버렸어.

어머니의 몸이 피로 물들다

울다 고꾸라져 잠을 자다가 응응 하는 소리에 깨어 보니, 아주 큰 귀신이 있
는 거야. 하늘에 붙을 정도로 큰 귀신이 방 안 가득하게. 머리가 얼굴에 탁 덮
어지고 머리카락이 피로 뭉쳐서 빳빳하고. 얼굴색은 하나도 없고 피로만.

겁나서 으악! 뒤로 넘어졌는데 정신 바짝 차려서 보니 어머니야. 어머니를
내가 누웠던 이불 위에 눕힌 후 어머니 보면서 어머니, 내일 죽어도 오늘 하
루만이라도 살아서 어머니하고 실컷 말하게 해 주십시오 하면서 울고 있으니
어머니는 손만 흔들어. 손 흔들 때마다 총 맞은 손가락들은 흔들거리고. 어머
니는 말 못하고 못 견디면 눈물만 뚜룩뚜룩뚜룩…….

누워 있는 어머니 모습을 자세히 보니, 총알이 오른쪽 목으로 들어가서 왼
쪽 턱으로 나오면서 턱뼈는 깨지고 살은 모두 헤지고. 혀도 일부분 없고 손도
총 맞고. 저고리도 피범벅, 손가락에 흐르는 피, 어깨로 흘러내리는 피, 옆구
리에서 나오는 피, 등에서 나오는 피, 팔꿈치로 나오는 피, 온몸이 피. 그 피

[그림 8] 어머니의 총상

가 그치지 않는 거야. 그놈의 피가. 몸이 풀
어지고 따뜻해 가니 그놈의 피가 더 나는 거
야(말을 잇지 못하고 울먹임). 뒷날에야 피 묻
은 옷을 차츰차츰 벗기면서 피들 나오는 구
멍을 세어 보니 총을 일곱 발[*] 맞은 거야.

ㄱ. 자신
ㄴ. 잠에서 금방 깨었을 때 본 어머
   니의 모습
ㄷ. 오른쪽 목에서 왼쪽 턱으로 총
   알이 관통한 상처
ㄹ. 손에서 흘러나오는 피
ㅁ. 버선

김인근: 어머니(김인근의 어머니)가 그때 총
        맞고 피투성이가 되어서 들어올
        때 것은 그리기가 곤란해서 잘 못
        그릴 것 같은데……. 그것을 잘 그
        리지 못할 것 같다……. 그래도 못
        난이 그것처럼 낙서해 볼까?

김유경: 그림에는 정답이 없어요. (이전에
        그렸던 그림들을 보면서) 이 그림들
        아무도 못 그려요.

---

* 일곱 발이란, 총알이 들어가고 나온 부분을 한 발로 기준
  한 것이다. 김인근은 총알이 들어가면 나선형으로 돌면서
  나오기 때문에 들어가는 총알보다 나오는 총알의 부상 면
  적이 더 컸다고 한다.

김인근: 응, 왜냐하면 나 속에 있는 거니까. 나 오장 속밖에 없는 것이지. 남
　　　의 사람은 그릴 수가 없는 거. 내 머릿속에만 있으니 나밖에 모르
　　　는 그림.

김유경: 맞습니다. 어머님(김인근)만 그릴 수 있는 그림입니다.

이제 만화책도 그만큼 무서운 만화책이 없을 거야([그림 8]). 이 귀신 때문에
어디로 도망갈까 하며 안절부절못할 때 가만히 보니 입은 옷이 어머니 거야.
그때 군인한테 매 맞아서 온통 빨갛게 보일 때라도 어머니 옷이라는 것은 알
수 있었어. 벌건 핏덩어리 그 형상이 너무나 크게 보여서 어머니는 크게 그리
고 나는 작게 그린 거. 이 그림이 그때 나 생각이야.

그때 어머니 눈은 자주 깜박거리지 않고, 희미한 눈으로 천천히 깜박깜박.
턱 박살 나고 입술은 조금만 남고. 풀치마 입고 머리에 은비녀했었는데 그 은
비녀도 없어져 버리고. 머리카락은 옷에 풀 바른 것처럼 피로 뻣뻣. 떨어져
나가는 손가락은 단단히 잡고. 얼굴은 형편이 아니. 말로는 표현 못 해. 버선
한쪽은 벗겨져서 없어져 버리고, 한쪽은 앞부리만 꿰어져 있고. 버선도 버선
이라고 하니 버선이지. 버선이 안 닮아 버렸어. 빨간색에 흙. 팥죽 속에 들어
갔던 버선같이.

어머니는 총상을 입고도 친언니를 업고 오다**

교육대학 위 별도봉 쪽으로 가는 논두렁(누러이)에서 어머니, 올케, 친언니가 총을 맞았어. 어머니는 눈이 피에 절어 앞이 보이지 않아 눈밭 속에 가만히 누워 있었어. 어깨가 들썩거려 누군지 보려고 눈에 붙은 피를 겨우 닦아서 보니, 언니가 돌 두둑에 쭈그려 앉아 있더라고 해. 언니가 총알 박힌 배 움켜잡으면서 나, 이 총알만 빼면 살 수 있을 것 같습니다 하니 어머니는 손가락이 치렁치렁해도 언니를 확 훔쳐 업어서 그 교육대학 아래 냇가, 그 화북다리, 그 동산, 그 스물 된 딸을 업고 이 화북까지 온 거야.

그때 화북 들어오는 입구에 작은고모가 살았는데, 등에 업혀 있던 언니가 갑자기 어머니를 거세게 밀치며, 작은고모님네 집에 가서 숨어 살겠습니다 하니 어머니는 아이고, 그럼 작은고모님 식구까지 다 죽는다, 죽어도 우리 집에 가서 죽자, 집에 가자, 가자 해도 안 가겠다고. 숨어서 살겠습니다 하면서 언니는 작은고모님 집에 들어가 버리고 어머니만 집으로 오게 되었어.

그런데 어머니가 집에 온 지 몇 분 안 되어 작은고모 집에서 사람이 왔어. ○○ 숨이 토근토근 지려고 합니다 소식 전해 주려고. 그때 언니가 돌아가셨어. 그 이후에 언니 시신을 토롱으로 만들어 잠시 놔뒀는데, 서너 달 후에 봉

** 김인근은 탈출하고 집으로 왔기 때문에 누러이에서 일어난 상황은 어머니에게 들은 것이다.

분을 만들려고 흙을 파서 보니, 그 속에서 총알이 두 개가 나왔어. 그 총알 보면서 내가 울었어. 이 총알이 우리 언니를 죽였구나 하면서.

아버지가 저수지에서 총살당하다

아버지는 ᄀ으니ᄆ루 논밭 저수지에서 돌아가셨어. 옛날 차 없을 땐 ᄀ으니ᄆ루 동산 올라가려고 하면 힘들었다는 말도 있고. 과거 보러 갈 때는 ᄀ으니ᄆ루에서 점심 먹었다는 그런 말도 있고.

어머니가 총 맞고 들어온 그날 밤, 동네 어른 한 분이 우리 집에 찾아왔어. 아버지가 ᄀ으니ᄆ루 저수지에서 총살당했다고. 날이 어두우니 동네 사람한테 손전등 빌리고 아버지 입었던 검은색 두루마기 가지고 저수지로 갔어.

ᄀ으니ᄆ루 저수지 물이 근본은 파랗고 풀색이었는데, 아버지 찾으려고 손전등을 비춰서 보니 다 붉은 물이 되어 버렸어(울먹임). 마을 어른들 시신도 거기에 둥둥 떠 있고. 그 물에 떠 있는 아버지 보면서 우리 아버지 빨리 이 물에서 건져 놔야 할 건데, 건져 놔야 할 건데 하며 걱정하고.

같이 갔던 동네 어른이 걱정하지 말라고 하면서, 아버지 시신을 두둑에 옮겨 놓아 주었어. 그런 다음에는 피 묻고 젖은 옷 입고 누워 있는 아버지 시신 위에 검은 두루마기 덮고. 동네 어른이 밤중에 고양이나 짐승이 시신을 훼손시킬 수 있으니 두루마기를 덮어야 한다고 했지. 두루마기 덮고 흙으로 잠시 톡톡 덮은 다음, 뒷날 아침에 토롱을 만들었어. 몇 개월 후에는 봉분 만들고.

그러니 음력 12월 10일 날 아버지가 돌아가셨어. 9일 날 제사고. 그때 우리 15반에서(당시 주소지) 두 집만 빼고 한 집안에 한 분이나 두세 분이 그날에 돌아가셨어. 우리 동네는 그날 제사가 많아.

조카들 시신은 어디로 갔는지 알 수 없고

네 살, 두 살 조카들 차에 탈 때는 봤는데…… 그 물에 흘러 어디로 내려가 버렸는지, 총으로 쏘아서 어디에 버려 버렸는지 알 수가 없는 거야. 갈 때는 한 차에 타서 아는데. 임신한 올케는 그달이 산달. 배 속에 있는 아기도 총을 맞았어. 그러니 그 아기도 산모 배 안에서 죽어 간 거야. 배 속에 있는 아기도 죄가 되었어. 세상에…… 세상에…… 남편이 죄가 있으면 가족이 무슨 죄가 있어서.

어머니의 손가락 마디가 일주일도 안 되어 떨어지다

(어머니 총 맞고 온 후) 일주일도 안 되어서 오른쪽 손가락 두 개가 떨어졌어. 썩어 가니까. 뼈가 있는 건 그대로 붙어 있는데 뼈가 잘라지면서 살만 붙은 것은 저대로 떨어졌어. 어머니한테 떨어진 손가락들 어떻게 할까요 물으니 아무 데라도 버려라 해. 그 말 듣고 어떡하면 좋을까 걱정했어. 무섭기도 하

고 떨어진 손가락의 손톱 보고 있으면 더 무섭고. 그래도 그거 천에 싸서 나대로 텃밭에 묻었어.

이름 모를 고마운 분들의 도움

어머니가 총상 입고 15일쯤 되었을 때 소고기하고 호박이 오기 시작했어. 사람이 오고 가는 소리는 안 나도 아침에 혹시나 해서 보면 쪽지가 있었지. 소고기, 호박이 다 떨어지는 3, 4일쯤 되는 날엔 난간에 또 호박과 소고기가 있고. 한 3개월 넘게 그 도움을 받았어. 음식과 쪽지가 함께 왔지.

소고기에 온 쪽지 펴서 보면 인근아, 이 소고기 얇게 종이쪽같이 오려서 어머니 아픈 부위 처매라 써 있고. 호박에 온 쪽지에는 호박 속을 숟가락으로 박박박박 긁어 부드럽게 으깨어 상처에 처매라 써 있고. 그러니 쪽지 보면서 호박 긁는 줄 알았지. 그렇게 하지 않았으면 먹으라고 가져 온 것으로 알 건데. 그러고 (상처가) 뼈샤뼈샤뼈샤하게 말라 가면 궂은 것이 나온다, 그러니 소변 받아서 그걸로 씻어 두고, 다시 소고기로 처매라 써 있고. 소고기 오릴 때는 얇게만 하라고. 풀잎사귀 모양으로. 소고기가 살갗에 탈싹 붙게끔 하라고. 처음에 소고기 오릴 때는 이상하게 잘라서 깨지고 어떤 것은 구멍 나고.

그러니 시국이 위험한 때에 도움을 준 이 고마운 분들을 알았으면 너무나……. 그럴 때는 흥! 해서 내가 살아야지, 도피자 집에 무엇 하러 가리 하지

마는, 그 무서운 불구덩이 속에서 왔다 갔다 한 그분들한테 공을 갚을 수가 없어. 우리 집에 잘못 다니다가 그 사람들 죽을 수도 있고, 잡혀 들어가서 징역도 살 수 있을 때였는데. 소고기, 호박 갖다 놔두고 도망치고, 도망치고. 오빠 친구인지, 어머니 아는 분인지, 할머니 아는 분인지. 냄비를 전하려고 해도 전하질 못했어. 씻어서 난간에 놔두면 아침에는 없어지고. 그러니 우리 집에 나 몰래, 사람 안 볼 때 밤중에 다닌 거야. 냄비가 없어져서 가 버린 것을 보니 그렇게 된 거야.

옛날 나 일기장 틈에 끼워져 있던 이 쪽지들([그림 9])은 시집올 때 일기장과 함께 다 태웠지만, 이 그림을 보니 그 시절 쪽지가 여기 와서 살아 있구나 하는 그런 생각이 들어. 그래도 살아났어. 이 쪽지들이.

시집오기 3, 4일 전에, 4·3에 대해 깨끗이 잊어버리며 살려는 생각으로 일기장하고 쪽지를 모두 태웠는데 잊어버리기는커녕, 누가 4·3이야기만 하면 눈물이 나고. 시집오기 전에 일기장만 태우면 4·3은 잊혀지는 줄만 알았는데, 항상 내 곁에 따라다니는 거야. 그렇게 무서운 4·3이 나를 따라올 줄은 꿈에도 몰랐어. 일기장만 태우면 싹 없어지는 줄만 알았지. 참 어리석은 멍텅구리 생각이었지. 4·3 때 고통이 살아가면서 사람을 죽일 때가 많아. 가는 곳마다 4·3이 내 뒤에 바짝 따라다녀서 날 괴롭혔지.

그때 일기장하고 그 쪽지들 가만히 놔두었으면 얼마나 좋았을까 하는 그런

[그림 9] 이름 모를 고마운 분들의 도움

생각이 들어. 시집올 때 일기장 속에 있던 고마운 분들의 쪽지는 태우지 말았어야 했는데. 그 쪽지들 20장 정도는 되었지. 짤막하게 쓴 것도 있고, 길게 쓴 것도 있고. 음식 만드는 방법, 힘내어서 살라는 그런 내용들도 있었고.

가장 마음에 드는 글은 '인근아, 어머님 말 잘 들엄시민 살아진다(어머님 말씀 잘 듣고 있으면 살게 된다).' 하는 글자만 눈에 띄었지. 뒷날도 그 쪽지 펼쳐서 보고. 그 쪽지는 편지지가 아니고 책장 찢어진 종이에 적어진 거. 보고 또 봐도 그것이 그렇게 좋아 보였어.

그러니 그 내용에 힘을 많이 얻었어. '살암시민 살아진다(살다 보면 살게 된다).' 하는 그 말에. 그 쪽지 보고 나는 마음속으로 다짐했지. 어느 삼춘(삼촌)*인지는 몰라도 살아진다고

ㄱ. 김인근의 집
ㄴ. 호박과 쪽지
ㄷ. 소고기와 쪽지
ㄹ. 죽이 끓여진 냄비와 쪽지

* 제주도에서 '삼춘'이란 호칭은 표준어 '삼촌'보다 그 쓰임이나 폭이 넓어 아저씨, 아주머니에 해당하는 사람들, 즉 친한 어른을 총칭하여 사용한다.

이름 없는 편지

이름 없는 편지 한 장 올립니다.
우리 코치 그리고 저를 위해서
호박, 소고기, 죽을 가져다 놓고 간
그분들께 진심으로 감사드립니다.
지금 어디 계십니까?
연락 한번 받고 싶습니다.
부모 형제도 찾아 다니지 못할 때
음식 까지 가져다 주신 고마운 분들께
진심으로 감사드립니다.

                        그분들께   인근 올림

이름 없는 편지

이름 없는 편지 한 장 올립니다.
우리 모친 그리고 저를 위해서
호박, 소고기, 죽을 가져다 놓고 간
그분들께 진심으로 감사드립니다.
지금 어디 계십니까?
연락 한번 받고 싶습니다.
부모형제도 찾아다니지 못할 때
음식까지 가져다주신 고마운 분들께
진심으로 감사드립니다.

그분들께 인근 올림

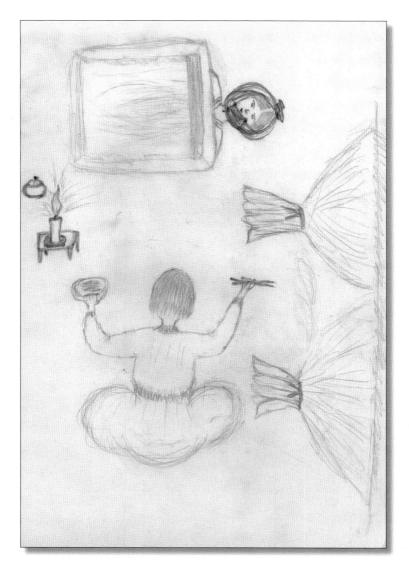

[그림 10] 어머니 간호

하니 꾹 참고 살겠습니다 하면서. 그 글만 봐
도 너무나 고마운 거야. 잠자다가도 일어나서
일기장 틈에 꽂아 있는 그 쪽지 꺼내서 읽고.

　그러고 보면 사람은 상대방의 조그만 도움
에 용기를 얻고 사는 것 같아. 내 경험을 보
면. 호박, 소고기를 갖다 준 그 덕에 나는 어
머니를 꼭 살릴 수 있다 하는 그런 용기를 갖
게 되었어. 그때는 소고기, 호박만 있으면 우
리 어머니는 살아난다 하는 오로지 그 생각
만 했어. 이것이 우리 어머니를 살릴 수 있는
최고의 약이다 하는 그런 생각만.

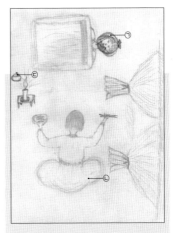

ㄱ. 어머니
ㄴ. 자신
ㄷ. 요강

호박, 소고기, 소변으로
어머니의 상처를 치료하다

　이건 어머니(ㄱ), 이건 커튼, 이건 요강(ㄷ)
([그림 10]). 소변을 바가지에 담은 후에는 솜
에 소변 묻혀 상처 소독하고. 이것은 요강 단
지이지만 나에게는 소독 단지. 그 솜으로 껍

질 썩어 가는 거 모두 떼어 내어 씻고. 속살도 씻고.

가끔 간호할 때 어머니 재미있게 해 드리려고 손에 젓가락하고 그릇 들어서 어머니 여기 보세요 하면 웃기는커녕. 내가 아무리 재미있게 해 드리려고 애를 써도 어머니의 반응이 없으면 아이구, 어쩌면 좋아 하며 맥이 빠지고. 그때는 어머니에게 그래 좋다, 어떻다 하는 그런 얘기를 듣고 싶었어.

어머니 치료할 때 어머니, 나 소독하겠습니다 하면 어머니는 고개만 끄덕끄덕. 소독할 소변이 적을 때는 어머니 소변, 내 소변을 작은 대야에 받아서 하고. 솜이 없을 때는 이불솜 뜯어내어 닦고. 몸, 옆구리에 난 상처부터 시작해서 손에 난 상처 순으로 소독해서 다 묶고. 붉은 어머니 옆에서 잠들다가 신음 소리에 바짝 깨면, 상처 말라 가는 거 아닌가 하며 붙였던 소고기, 호박을 젓가락으로 똑똑 떼어 내어 다시 붙이고.

그 몸의 상처도 색깔이 점점 변해. 처음에는 빨갛다가 그다음은 검붉었다가 나중에는 피고름 모양으로. 그래도 부모의 것은 궂어 보이지 않는 거야. 피고름 나고 시신과 다름없어 그 방에 들어가질 못할 정도가 되어도.

그러하고 어머니는 잘 드시질 못해. 좁쌀, 미음 같은 것을 입에 넣으면 구루루룩 턱 구멍으로 거의 나와 버리고. 그러면 그릇 받아서 흘러내린 것은 버리고. 한 사발을 드려도 어머니 입 속에 들어가는 것은 두 숟가락쯤.

내가 제일 힘들었던 것은 어머니가 아파서 못 견뎌 할 때였지. 호박, 소고

기를 헝겊으로 처매다 모두 내팽개치고 어머니 꽉 잡고는 어머니! 아파도 안
아픈 척 해야 됩니다! 어머니 아파하지 마세요! 소리치면서. 어머니 꽉 잡아
서……. 이건 치료는 안 하고 어머니만 잡아서……. 어머니, 아프다고 하지
말고 울지만 않는다면……. 내가 이걸(호박, 소고기)로 처매기만 하면 곧 낫습
니다 하면서. 어머니 안으면 어머니도 울고 나도 울고……. 어머니 부둥켜안
고…….

어머니가 가슴속에 담아 둔 이야기를 하다

우리 화북 들어오는 입구에 아주 큰 외소나무가 있이([사진 2]). 4·3 당시에
도 그 외소나무가 그 자리에 있었지.

어머니 하시는 말씀이, 트럭이 학교에서 출발하던 그날(1949년 1월 8일) 외
소나무 조금 지나자, 트럭에 탄 사람들 머리 위로 나무를 싣고 그 위를 군인
들이 밟으면서 탔다고 해. 어머니가 이 말을 아주 하고 싶었던 것 같아. 턱 상
처가 조금 아물고 말을 할 수 있을 때 했던 말씀이 그 이야기야. 이 얘기하면
서 어머니는 몇 번이고 한숨만 꺼냈어.

그 당시 어머니 발음은 나만 알아들을 수 있었지. 통역하는 것 같이. 어머
니 한마디 하면 내가 이런 뜻입니까 확인하면서.

어머니는 트럭에 탄 사람들 머리 위로 나무를 실을 때만 해도, 시내로 나가

는 줄만 알았다고 해. 차마 총살하리라고는 조금도 알아차리지 못했다고. 트럭에 탄 사람들 죄 있는 거, 없는 거 확인하러 시내로 가는 줄만 알았다고 해. 시내 가면 우리 친척들 있으니 가서 말만 하면 된다고.

[사진 2] 외소나무, 2012년 11월

　1948년 11월 17일 이승만 대통령은 제주도에 계엄령을 선포했다. ……제주 4·3사건의 전개 과정에서 계엄령은 주민 희생과 관련해 가장 중요한 계기가 되었다. 이전의 희생이 비교적 젊은 남자로 한정된 반면, 계엄령이 선포된 1948년 11월 중순경부터 벌어진 강경진압작전 때에는 서너 살 난 어린이부터 80대 노인에 이르기까지 남녀노소 모두 총살당했기 때문이다. 계엄령은 제주도민들에게 재판 절차도 없이 수많은 인명이 즉결 처형된 근거로 인식되어 왔다(『제주4·3사건진상조사보고서』, 2003, p. 276).

끝이 보이지 않는 고통의 시간

다시 어머니를 죽이러 온 사람들

어머니 간호하는 와중에 가끔 바람이 불거나 버사버사버사 무엇이 건너가는 것 같으면 번쩍하게 겁이 나. 사람이 지나가는 것만 같아. 바람이 우르릉 폴딱하면, 아이구 사람 잡으러 왔구나 하면서 발딱발딱 떨기 시작하고. 그럴 때는 상처 소독하는 거 대충해서 확 처맨 다음, 촛불부터 끄고 캄캄한 방을 만들어 놔서 앉아 있는 거야. 잡아갈까 봐.

어머니 총 맞고 한 달 조금 넘었을 때 경찰들이 어머니가 살았다고 또 집에 왔어. 그날도 어머니 간호 중이었는데 어머니가 나를 툭툭 치며 저기 누구 온 거 같다, 뒷담 넘어서 빨리 도망치라고 했어. 어머니 말씀대로 뒷담 넘어서 숨었는데 그때 생각에, 총소리가 나면 어머니는 돌아가시겠구나 하면서 벌벌 떨면서 숨었지.

밤이 으슥했을 때 집에 와서 보니 어머니가 살아 있었어. 어머니, 어떻게 하니 안 쏘았습니까? 물으니 어머님이 경찰들한테, 이 동네에 나 혼자만 있는 것도 아니고 여기서 나 죽이면 냄새날 것이니, 저 위 우리 밭 가장자리에 가서 죽이면 그 자리에 그냥 쓰러져서 죽겠습니다, 그리로만 데려다 주십시오 하니 경찰들이 에잇, 며칠 안 가겠네! 하면서 그냥 가 버렸다고 해.

어머니, 제주경찰서로 잡혀가다

어머니가 총 맞고 집에 온 지 5, 6개월 지나 제주경찰서로 잡혀갔어. 상처가 완전히 아물지 않을 때이니 경찰서에 있을 때는 어머니 스스로 고무신에 소변 받아 치마 찢어서 상처 소독하고, 밥은 겨우 먹고. 가끔 옆 사람들이 어머니 머리 빗겨 주고, 소변 볼 때 옷 입고 내리는 거 도와주고.

그 당시 제주경찰서에 근무하는 여자분이 있었어. 초등학교 때 그분이 나를 많이 아껴 주었지. 제주경찰서에서 여자로서는 고참이었는데, 경찰서에 있는 어머니께 드릴 도시락을 챙겨서 오갈 때 그 언니를 우연히 만나게 되었어. 얼굴도 곱고 조그마한 언니였는데 인근아! 어떻게 해서 여기 왔니? 하고 묻는 거야. 어머니 점심 드리려고 이모가 도시락 싸서 줬습니다 하니 그 언니가 내 손잡아서 어디론가 데려가는 거야.

제주경찰서 거기 들어가면 고비마다 어디로 가는 것을 몰라. 그 안에 들어가면 이 칸 저 칸 빙빙 돌면서 가야 되고. 방이 몇 군데씩 있었거든. 대통령이 지나가는 것은 저리 가라 할 정도로 사람들이 보고. 나는 그 언니 손잡고, 도시락은 언니가 들고 해서 비좁은 사람들 틈을 돌아 어머니 있는 곳까지 간 거야. 귀신도 찾아가지 못할 정도로 일로 절로 가서 문 열어 보니 양쪽에 보초들이 서 있고. 어머니는 고개 들어서 나 쳐다보고. 어머니 보는 순간, 어머니! 하고 소리치니 그 언니가 크게 말하지 말라고 해. 내가 어머니한테 이 경찰서에서 어머니와 함께 살겠습니다 하니, 어머니는 나에게 그냥 집에 가라고 했지.

경찰서에서 그 언니 만날 때는 줄 안 서서 곧바로 어머니 있는 곳으로 가고, 못 만날 때는 줄서서 어머니 만나고. 그 언니 내 모습 보고 눈물 글썽글썽하며 호주머니에 돈을 넣어 준 적이 있어. 나는 그 돈 잃어버릴까 봐 오는 길에 확인하고 또 확인하고. 이후 내가 문을 닫고 집 안에만 있어서 그 언니가 어디로 갔는지 소식은 듣지 못했어.

제주경찰서에서 어머니와 오빠가 만나다

그렇게 경찰서를 오가는 사이 오빠 소식을 듣게 되었지. 얼마 없으면 오빠가 제주경찰서로 옮겨질 것이라고.

오빠가 제주경찰서에서 생활하던 어느 날, 어머니 총 맞은 모습을 처음 보
게 되었어. 그 순간 오빠가 나만 죄인이지, 우리 어머니는 아픈 몸인데 저 상
태로 경찰서에 있게 하면 어떻게 하냐고. 우리 모친님이 무슨 죄가 있어서 여
기에 왔냐고. 내가 죄인인데 어머님만 내보내 달라고 거세게 몸부림치며 소
리 지르고. 그럴 때마다 오빠는 와작착! 와작착! 매 맞고 또 매 맞고.[*]

　어머니는 칸막이 하나 사이에서 들려오는 아들 목소리에, 그리고 매 맞는
소리에 마음 아파하고. 그 일이 있던 후 일주일쯤 되니 어머니가 풀려나 집에
오고, 오빠는 제주경찰서에서 술 공장 했던 동척회사로 갔어.

오빠, 동척회사에서 서울마포형무소로 가다

　오빠가 제주경찰서에서 동척회사로 갔다는 소식을 들은 후, 동척회사 옆에
살고 있는 아는 할머니 집에 가서, 우리 오빠 여기 동척회사에 왔다는 말 들
었는데 오빠 본 적이 있습니까? 물으니 할머니가 아휴, 물 길러 갈 때 보이더
라 하는 거야. 그때는 화북 동네 사람들이 어느 집에 누가 살고 있다는 것을
다 알았으니까.

　그래서 오빠 보이는 날, 그 할머니가 인근이가 오빠 보러 왔었다고 전해 주

---

[*] 이 상황은 어머니에게 들은 것이다.

[사진 3] 귀순자들을 집단으로 수용했던 제주항 부근의 주정공장(옛 동척회사)
〈미국립문서기록관리청 소장〉

[그림 11] 오빠와 만나다

었지. 그 이후부터 오빠 도시락을 챙기게 된
거야. 한 서너 번 정도.

동척회사 수용자들 사이에서 오빠가 반장
을 했어. 그래서 며칠마다 5, 6명을 인솔해서
파랗고 언제나 나오는 물, 그 산짓물을 길러
나왔거든. 난 동척회사 근처에 숨었다가 덜
거덩 덜거덩 달구지 소리가 날 때까지 기다
렸고.

달구지 소리에 빈 도로무깡 소리가 합쳐지
면 아주 시끄러워. 그 소리만 들리면 그냥 일
어서서 도시락 짊어지고 동척회사 입구 쪽을
바라봐. 오빠와 눈이 마주치면, 달구지는 잘
만들어진 길 찾아서 산지터로 가고. 나는 정
신없이 공덕동산으로 뛰는 거라. 공덕동산
달릴 때는 아주 신났지. 세상을 다 얻은 느
낌. 오빠 만난 날은 집에 오면서 신나게 노래
부르면서 왔지.

공덕동산을 그렇게 달려서 산짓물 옆에 있

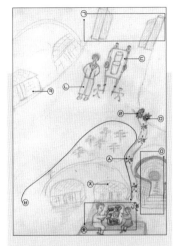

ㄱ. 동척회사 정문
ㄴ. 오빠
ㄷ. 달구지에 물통을 싣고 나오는
　　사람들
ㄹ. 오빠 기다리는 자신
ㅁ. 오빠의 도시락
ㅂ. 공덕동산
ㅅ. 공덕동산 소로길로 뛰어가는
　　자신
ㅇ. 동척회사에서 나온 사람들이
　　물을 긷던 곳(산짓물)
ㅈ. 오빠가 도시락을 먹을 수 있도
　　록 허락한 산짓물 옆의 집
ㅊ. 오빠의 점심
ㅋ. 오빠가 물 건너갔다고 소식 들
　　려준 할머니의 집

[그림 12] 오빠의 점심

는 어느 집에 도착하면, 그 집 주인에게 삼춘, 여기서 오빠 식사만 하고 가겠습니다 하면 아휴, 그래라 하면서 허락해. 그러면 난간에 도시락 끌러 놓고 앉아 있으면 오빠가 와. 그 집에서 오빠가 도시락을 몇 번 먹었거든.

도시락 반찬은 어머니가 손수 만들 수 있는 것은 만들고, 필요한 양념이 있으면 이거 가져오너라, 저거 가져오너라 심부름시키고. 돼지고기에 감자, 양파 썰어서 넣고, 생선도 넣고. 주로 많이 싸고 다닌 것은 계란.

내가 도시락밥 뜰 때는 어머니가 옆에서 조금 더 놓아라, 조금 더 놓아라 했지. 옛날 도시락 그릇은 노란색인데, 요즘 도시락과 비교하면 두 개 정도 크기. 서너 명은 먹을 수 있는 분량. 밥을 눌러 담아도 어머니는 더 놓아라, 더 놓아라 하고.

오빠는 아휴, 밥이 너무 많다 하며 정신없이 먹다가도 이 밥을 조금이라도 남기면 어

ㄱ. 오빠
ㄴ. 자신

머니가 속상해한다며 다 먹겠다고 해. 지금 같으면 첨, 몇 분 걸려서 먹을 밥인데, 금방 몇 숟가락 떠서 화다닥 먹고. 오빠는 도시락 먹으면서 어머니 상처는 어떠냐, 나아 가고는 있느냐 물어보면서 한없이 울어. 오빠가 계속 눈물을 흘리니 밥은 어디로 넘어가는지……. 오빠가 나 보면 볼이 빨갛게 되면서 인근아! 하며 말을 잇지 못하는 거야.

지금도 오빠가 동척회사에서 나올 때의 그 모습이 뚜렷해. 옷이고 머리가 정처 없이 왕상하게(정돈되지 않고 몹시 흐트러진) 보였지. 그 모습 보는 순간 기가 막혔거든. 오빠 성격이 와이셔츠에 뭐 하나만 조금 묻어도 안 입는 성품인데, 헝클어진 머리를 보는 순간 나도 모르게 아이고, 오빠! 하며 찡그리며 했던 말 때문이었는지 이후 만날 때는 오빠가 산짓물에 세수도 하고 깔끔한 모습으로 도시락 있는 곳으로 왔어. 그때 내 속으로, 우리 오빠 세수하니 깔끔하게 보이네 이런 생각을 했던 기억이 있어.

지금까지도 이러한 오빠 모습이 마음에 있으니 이렇게 그림으로 표현한 거야([그림 12]). 그 당시 오빠는 홑으로 된 국방색 웃옷 입고, 바지는 갈중이 색보다 밝은 두꺼운 골덴바지 비슷한거 입고. 그 당시 경찰서에서 옷을 따로 준 것 같지는 않아. 입었던 옷들 그대로 입을 때라서. 그때 오빠 하는 말이, 산에서 가시덤불 속을 헤매다 보니 옷 껍데기(겉감)가 갈래갈래 찢어져서 귀순하러 내려올 때는, 바지를 뒤집어 안감이 밖으로 보이도록 해서 입었다고 해.

이 그림 속 오빠의 바지도 뒤집어 입은 것을 그린 거.

오빠는 도시락 먹기 전에 숟가락을 가슴에 놓고, 인근아! 부르며 쳐다보았지. 오빠 얼굴이 참, 집에서는 호랑이 같던 그 얼굴이 인근아! 부르며 숟가락 잡은 손을 가슴 앞에서 멈추고, 다시 내 얼굴 한 번 쳐다본 다음 고개 숙이고.

그렇게 오빠와 세 번 정도 만나다가 네 번째 되는 날에는 오빠가, 나 어디로 물 넘어갈 것 같다 하는 거야. 그거 무슨 말입니까? 하니 아니, 그래, 응 하면서 말을 막 어지럽혀. 내일 못 나오면 모레 나올 것 같다는 말을 하면서.

그 말 듣고 며칠 뒤 도시락 싫어지고 가 보니 동척회사 옆에 사는 할머니가, 어젯밤 배에 모두 실어 버렸다고 하는 거야. 집에 와서 어머니한테 오빠가 없다는 말을 했더니, 어머니는 그래도 동척회사에 가서 보라, 가서 보라고. 어머니 말씀대로 도시락 들고 가 보면 아무리 기다려도 오빠는 나오지 않고. 벌써 오빠는 서울 어디로 가 버렸는데도 어머니는 혹시나 오빠가 나올 줄 알고. 도시락 가지고 두 번인가, 세 번은 빈 걸음을 했지.

그 할머니 말을 그대로 들어야 할 건데, 어머니는 아들이 동척회사에서 석방되어 집으로 올 건 줄 알고, 외아들 기다리는 어머니는 도시락 싸서 빨리 가라고. 다른 사람은 가도 너희 오빠는 동척회사에 있을지도 모른다고 하면서.

동척회사는 아주 커서 길도 양 좌우 쪽으로 넓었지. 나는 동척회사 근처 계단 비슷한 곳에 쭈그려 앉거나, 돌 하나 주워다 그 위에 앉아서 기다렸지. 가

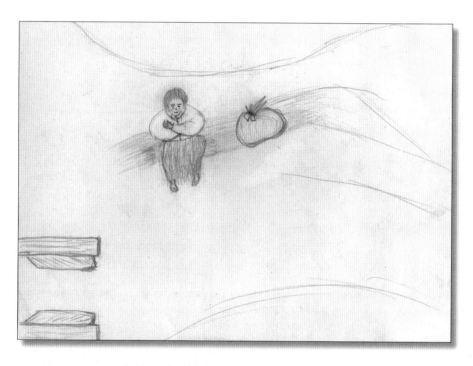

[그림 13] 동척회사 입구에서 오빠를 기다리며

끔 줄기도 하고 지나가는 강아지하고 장난 치기도 하고.

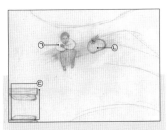

ㄱ. 동척회사에서 오빠가 나오지 않자 눈물 흘리는 자신
ㄴ. 오빠의 도시락
ㄷ. 동척회사 정문

낮 12시 넘어서까지 오빠가 안 나오면 집에 와 버려도 될 건데, 혹시나 해서 계속 기다리다가 해가 저물면 배도 고프고, 오빠한테 도시락 드리지 못한 것 때문에 속상해서 실컷 울고. 밥, 반찬이 그대로 있는 도시락을 허리춤에 둘러매어 묶고 오는데, 그렇게 도시락이 무겁게 느껴져. 아침에 도시락 싸고 갈 때는 무겁다는 생각이 안 들었는데…….

오랫동안 오빠가 어디로 갔는지 도무지 알 수가 없었는데 '서울마포형무소'라고 쓰인 편지가 오빠한테서 왔어. 어머니 건강 걱정하는 글, 어머니 안심시키는 글 써 있고. 치약, 칫솔, 편지 쓸 종이 보내 달라, 책 보내 달라고. 어머니는 그 편지 읽고 누구한테 그 책에 대해 말하니 책 구해다 줬어. 어머니는 몸이 아파도 포장해서 보냈지. 그렇지만 물건 받았다는

오빠 기다리는 마음

어린 아기 젖 먹고 싶어서 우는 마음과
내가 오빠 기다리는 마음은 똑같다.
오빠가 동척회사 있을 적에 도시락 짊어지고 가면
어떤 날은 오빠 기다리다가 잠이 들기도 하고
어떤 날은 오빠가 가오지 않아 깜박 울어
버리기도 하고 .....
그러다가 달구지 소리가 나는 날에는 귀가 번쩍
하면서 동척회사 건물에서 나오는 오빠와
눈이 마주치게 되는데,
그럴 때마다 나는 공덕 동산 소로 길로 해서
산짓물까지 신나게 달렸다.
약속된 장소에서 오빠에게 도시락을 드리면,
오빠는 밥을 먹으면서 어머님의 안부와 이런말
저런말 말들을 한다.
그때마다 나는 '예', '예' 대답만 하였다.

오빠 기다리는 마음

어린 아기 젖 먹고 싶어서 우는 마음과 내가 오빠 기다리는 마음은 똑같다.
오빠가 동척회사 있을 적에 도시락 짊어지고 가면
어떤 날은 오빠 기다리다가 잠이 들기도 하고
어떤 날은 오빠가 나오지 않아 막 울어 버리기도 하고…….
그러다가 달구지 소리가 나는 날에는 귀가 번쩍하면서 동척회사 건물에서
나오는 오빠와 눈이 마주치게 되는데,
그럴 때마다 나는 공덕동산 소로길로 해서 산짓물까지 신나게 달렸다.
약속된 장소에서 오빠에게 도시락을 드리면,
오빠는 밥을 먹으면서 어머님의 안부와 이런 말 저런 말들을 한다.
그때마다 나는 '예', '예' 대답만 하였다.

소식은 못 들었어. 그게 오빠하고 마지막. 그러니 오빠는 서울마포형무소에서 행방불명이 되어 버린 거.

어머니는 오빠가 살아 있을 거라는 기대감에

서울마포형무소에서 많은 사람이 죽었다고 하니, 어머니가 아들 기다리다 답답해서 어디 가서 들어 보겠다며 무당을 찾아갔어. 무당이 이 사람은 이 세상 사람이 아닙니다, 살았다는 말 못하겠습니다 하니 어머니는 힘없이 집에 와서 울고불고. 어머니, 그러지 마세요. 나 하나라도 있지 않습니까 해도 한없이 울고.

마을 사람들의 희생

산사람들이 마을에 내려와서 집과 학교를 불태우고 차 못 다니게 큰길에 돌 쌓아 버리고, 삐라 뿌리고 하니 동네 사람들 동원시켜서 산사람들 못 들어오게 학교 운동장과 동네에 높은 성담을 쌓게 했어. 어느 집 남자 어른은, 그 성담에 보초를 서러 갔다가 군인과 경찰들이, 너희가 잘 못 지키니 산사람들이 와서 학교를 불태웠다며 그 남편 잡아가면 각시들도 잡혀가는 거라.

또 우리 시할머님은 아들 일로 해서 대(나무) 코 뾰족한 것으로 찍어 버리니 그냥 돌아가셨어. 산 채로. 뒷날 친정어머니 와서 시할머니 피 묻은 옷 보면서 한없이 울고.

그러하고 우리 올레 위에 사는 언니는 아주 말을 잘하는 처녀였는데, 산사람 심부름했다고 몸뚱이에 돌 매달고, 발에도 돌 매달아서 산지 축항(현재 제주항) 앞바다에 빠뜨려 버렸어. 그 언니의 어머니 울면서 하는 말이, 딸 건져서 보니 발하고 몸에 돌이 묶여 있었다고 해. 그때 그 언니는 시집도 안 갔는데, 남편 숨겨 둬서 남편 안 내놓는다고. 원, 그런 억울함도 있을까. 그 어머니 참, 소리 내어 울지도 못하고 가족들이 앉아서 떨었다는 말을 내가 들었어. 그 어머니 철창에 찍혀 죽은 딸의 피 묻은 옷을 그날은 못 빨고, 다음날 그 옷가지들을 빨았지. 그때 내가 빨래터 지나가면서 보니, 옷에 구멍이 쑴펑 쑴펑 나 있고, 빨래터가 온통 붉은 핏물로 흥건하게 되고. 그 어머니가 우리 딸 이렇게 하니 어떻게 살 수 있어, 어떻게 살 수 있어 하면서 목놓아 울었지.

그러하고 우리 동네 남자 한 분은 잡혀갈 때 왜 잡혀가는지도 모르고. 술, 담배만 먹던 그 사람이 나중에는 도두리 가서 죽었다고 해. 그곳에서 시신 찾았다는 말이 있었어. 가족도 없고 폐인처럼 술, 담배로만 생활하는 사람이었는데 잡아가서 큰 죄인처럼 만들어 버린 거야.

그러니 이렇게 싸워서 북한, 남한이 무엇을 하는지, 그 내막도 모르는 사람들을 잡다가 사람 죽이는 것이, 살충제로 벌레 죽이는 것만도 아니했지. 4·3 때 죽은 사람들 중 몇 사람이나 그 내막을 알까, 모두 억울하게 아무것도 모르는 사람들 몰죽음한 거야. 죄 없는 사람들, 똑똑한 사람들.

06

군은 강경작전을 벌이기에 앞서 언론을 통제하고 해안을 봉쇄함으로써 제주도를 고립시켰다. 이로써 제주도에서 어떤 일이 벌어져도 외부에서는 알 수 없는 상황이 되었다. ……제주 해안은 계엄 선포 한 달 전인 10월 18일부터 이미 봉쇄된 상태였다 (『제주4·3사건진상조사보고서』, 2003, p. 290).

● 트라우마와 일기

사람들을 피하게 되고

친구들하고 신나게 뛰면서 놀다가 4·3이 일어나니 벗도 없어지고 비비비비 울기 시작했어. 물 길러 갈 때도 친구들이 학교에 들어가야 물 길어서 집에 확 들어와 버리고. 길에서 친구들 만나게 되면, 다음에 같게 해서 안 가고. 저대로 나를 찾아온다고 하는 친구한테는 움츠러들고.

오빠가 한청단에 있다가 산에 잡혀서 올라가니, 혹시나 그 집에 내가 갔다가 피해라도 주면 어떡하리 하는 마음에 나대로 나를 당겨서 가지를 못했어. 그러니 친구 집에 못 가는 순간, 집으로 들어올 때는 복장이 터져 우는 거야. 내가 다니면 전염병 환자 모양으로 그 집에 지장을 줄 건데, 내가 무엇 하러

[그림 14] 구름 속에 뛰어오르고 싶었던 심정

가나 하는 그런 생각만. 그 옛날 4 · 3이 일어
나기 전에는 껑충거리다가 갑자기 죄인같이
몰아치니 어릴 때라도 죽고 싶은 생각이.

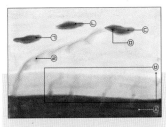

ㄱ, ㄴ, ㄷ. 구름
ㄹ. 구름 속에 뛰어오르다
ㅁ. 구름 속에 숨은 자신(빨간색)
ㅂ. 몇 번이고 구름 속에 가고 싶었
　 던 심정
ㅅ. 당시 힘든 마음을 검정색으로
　 표현

김유경: 이 구름 속(ㄷ)에 빨간색(ㅁ)이 희
　　　 미하게 보이고 있는데, 어떤 의미
　　　 가 있습니까?

김인근: 이곳(ㄷ)에 숨어 버리면 나는 빨간
　　　 몸이 될 거다 하는 그런 뜻으로.

김유경: 힘이 있다는?

김인근: 응, 여기 흙탕(ㅅ)에서는 우리보고
　　　 빨갱이다 라고 할 때, 나는 이 구름
　　　 속에만 들어가면 빨간색이 되어
　　　 힘이 생길 거다 하는 그런 생각.
　　　 내 머릿속에 있는 4 · 3 당시 색깔
　　　 은 빨간색 하고 검은색뿐이야. 내
　　　 가 어떻게 해서라도 뛰쳐나가고
　　　 싶어 구름 속에 숨어서 가 버리고

(124)

싶은 심정(ㅂ). 하늘나라든 어디론지 가려고. 저 구름 속에 에잇! 하면서 뛰어오르는 모습(ㄹ). 이 캄캄한 세상에서 어떻게 하면 벗어날 수 있을까 하는. 구름 속에 뛰어올라 세상 모든 궂은 일들 안 보고 싶었던 그 심정.

죽음의 문턱에 갔을 때 한 번 더 생각하다

열네 살 고비에 나도 아버지한테 가고 싶다고 생각했어. 말로 표현 못 할 정도야. 어떤 마음이기 때문에 고통스러워서 가고 싶다 하는 걸. 이제 젊은 사람 누가 자살했다고 하면, 내가 그 사람 심정을 탁! 알 수 있어. 얼마든지 그럴 수 있다고. 그러나 그렇게 이해하면서도, 저 사람도 바늘톱만큼만 한 번 더 생각했으면 어떻게 살아날 수 있었을 거 아닌가 하는 그런 생각이 들어.

고통스러운 날들 방 안에서 목이 터져라 노래 부르다

지금 생각해 보면 정신병 환자 모양으로 했던 것 같아. 그냥 사람만 보이면 방 안으로 들어가는 거야. 방 안에만. 방 안에 앉으면 아무거라도 달싹달싹 만지작거리다가 목이 터져라 노래 부르고. 가사도 나대로 만들면서. '못 견디게 외로워도 울지 못하고(노래 부르다가 울먹임)…….' 난 이 노래를 그 옛날 부르면서 하도 진저리가 났는데, 오늘은 친언니 그림을 보니 이 노래가 불러지네.

[그림 15] 제삿날

'가는 님을 웃음으로 보내는 마음'도 '가는 님'은 '부모님'이라고 바꾸고. '열풍아, 불어라' 하는 데는 '인근아, 울어라. 이 밤이 새도록 울어라' 해서 나대로 가사 만들면서 부르고. 원래 노래 가사는 저리로 던져 두고 음만 넣어서.

그러다가 심상하게 방 안에 앉으면 다시 '못 견디게 외로워도…….' 이젠 그때 생각하지 말아야지(눈물 흘림)…….

나 그때 방 안에만 있지 말고 그 아이들 오라고 해서 같이 놀고 말하고 했으면 좋았을 것을. 어릴 때에 문을 톡 닫아 버린 거야. 나대로 내가. 아버지, 오빠, 언니, 작은아버지, 올케고 아무도 살아온 사람이 없으니 울려고만 했었지. 집에 와도 아무도 없지, 누구한테 말할 사람도 없지. 말이라고 한 것은 '못 견디게 외로워도' 그 노래만 부르는 거야.

이 그림([그림 15])은 돌아가신 영혼들(ㄴ,

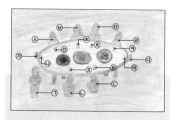

ㄱ. 자신
ㄴ. 오빠
ㄷ. 올케언니
ㄹ. 친언니
ㅁ. 아버지
ㅂ. 어머니—1983년에 작고하였으나 이 그림에 포함하고 있다.
ㅅ. 작은아버지
ㅇ. 작은아버지의 제주(祭酒)
ㅈ. 어머니의 제주
ㅊ. 아버지의 제주
ㅋ. 친언니의 제주
ㅌ. 올케언니의 제주
ㅍ. 오빠의 제주
가. 첫째 조카
나. 첫째 조카의 과자
다. 둘째 조카
라. 둘째 조카의 과자

ㄷ, ㄹ, ㅁ, ㅂ, ㅅ, 가, 다). 내 눈에 보이지 않으니까 그림자로 그린 거야. 이건 나(ㄱ). 어머니가 아파서 누워 있을 때는 내가 음식을 만들 줄 모르니 술 한 잔 올리고 향만 피워서 절하고. 어머니가 조금 나아졌을 때는 빙떡해서 올리고, 송편도 올리고, 과일도 올리고. 이 그림을 그릴 때 눈물이 났어. 차린 것은 없어도 조카들한테는 과자 한 봉지. 여느 때 같으면 고모! 하면서 기뻐서 이 과자가 빨리 없어질 건데, 이 과자 놔두어도 조카들은 먹지도 않고. 술 한 잔씩 놔두어도 이 어른들 술잔은 비워지지도 않고. 이놈의 답답한 4·3이 왜 우리 집을 이렇게 만들었는지…….

호루라기 소리 후유증

열다섯 살까지도 넘게 한 거 같다. 그것이. 차가 웅웅웅웅 왔다 갔다할 때, 사람들 실어서 출발할 때, 어머니네 차에 실어서 총살시키러 갈 때, 사람들 두들길 때, 그렇게 할 때마다 호루라기를 불었어. 집합하라고 할 때도 호루라기 이리 저리 쐐쐐 불어서 그냥 막. 매미들 모양으로 서로 연결하면서 신호들 하는 것 같이.

어디서 호루라기 소리만 나면 갑자기 구토가 나와 화장실에 앉아 있는 거야. 그러다가 배가 쑥 가라앉으면 구토도 가라앉고. 그 이후에도 학생들이 호루라기 쐐쐐 불어 가면 그 소리만 들어도 가슴이 탕탕탕탕하면서 구토 나오려고 하고. 열다섯 살까지 심하게 하다가 차츰차츰 없어졌어. 그렇지만 지금도 폭죽 소리에 깜짝깜짝 놀랄 때가 있지.

일기 쓰는 순간은 4·3이 나한테 지고 내가 이기는 거라

살려고만 했던 내가, 가고 싶다고 한 심정은 말하지 않더라도 알 수 있겠지? 어머니, 아버지 트럭에 모두 실어도 살고 싶다고만 몸부림치고 발버둥 쳐서, 그 차 아래로 숨으면서 도망친 내가, 살아와서 두서너 달 사니 눈물로 세월을 보내고.

가고 싶다, 아버지한테 나도 가고 싶다. 열네 살 때 그땐 도저히. 우리 부모님 죄가 있다면 농사 많이 지은 죄밖에는 없는데, 부모님이 농사 많이 지은 것도 죄가 됩니까! 농사짓는 것도 죄가 됩니까! 소리치면서 울고불고.

그러면서도 호박에 온 쪽지, 소고기에 온 쪽지, 죽에 온 쪽지 그것을 펴서 읽고 난 다음에는 (일기장에) 누구인지는 몰라도 이 고마운 공을 갚겠습니다. 어느 어른인지는 몰라도 정말 감사합니다 쓰고. 그 보내온 쪽지들은 일기장 틈에 톡 끼워 두고(울먹임)…….

그때 거먼 공책 있었거든. 거기에 일기 쓰고 쪽지들하고, 그날 일어난 일들, 음식한 거, 나 학교 못 가서 한이 된 거, 괴로운 가운데서도 어머니 웃는 모습 보니 기뻐했던 거, 어머니 고통스러워 하면 어머니, 꼭 살려야 한다 마음먹은 거, 그렇게 하나하나 낙서하다 보니 일기가 많아 버렸어. 간단히 쓰지 않고 어머니 고통스러워 하는 것을 쓰면서 낙서했지.

배도 그리고 비행기도 그리고 사람들 싸우는 것도 그려 놓고. 그 당시 배에 군인들 싣고 온다는 소리 듣고는 배에서 총 들고 싸우는 그림도 그리고. 지금에야 그 좋은 군인이 생각나지, 그 당시는 군인들 그려 놓고 연필로 두들기고, 우리 오빠가 군인들 때리는 그림도 그려 나고.

9연대 타던 배가 부서졌다는 말 듣고는 일기장에 군인들이 바다에 빠지는 그림을 상상으로 그려 놓고. 내가 여자라도 총 들고 싸우는 그림을 주로 그렸지. 들으면 들었던 내용 그대로 그림으로 그리는 거라.

그러니 일은 없고 숨어서 살 때니까 할 수 있는 거라고는 일기 쓰는 거. 나 달래 주었던 것이 일기였어. 그거 그려 갈 때는 온갖 잡생각이 없어지는 거라.

솔직히 말하면, 그림 그리고 일기 쓰는 순간은 4·3이 나한테 지고 내가 이기는 거라.

김인근: 검은색(ㄱ)은 내가 살아온 지옥. 그다음 살아가는 과정은 노란색도 없고, 하얀색도 없고, 빨간색도 없고(ㄴ). 이 검은색(ㄱ)하고 여기 (ㄴ)는 나 지옥. 지옥에서 어머니와 살아온 이 기간이 아주 오랬지.

[그림 16] 삶의 과정

어머니 총 맞고 왔을 때, 즉시 병원 가서 턱뼈 갈라진 것 치료하고 상처 곪은 것 잘라내어 봉합했더라면 좋았을 것을. 그 당시 병원 가기가 힘들었지. 내가 간호하면서 썩어 가는 살을 도려내야 했는데, 차마 그러질 못했어. 그냥 상처가 저대로 떨어질 때까지 기다리면서 닦아 내기만 했지. 상처 난 자리는 날씨가 이상하거나 멸치 국물을 드리면 상처가 부풀어 오르면서 이상해지는 거야. 그래서 단지 깨끗한 물, 깨끗한 녹두죽 그런 걸로만.

ㄱ, ㄴ. 지옥-빗금 친 부분은 변화가 없는 일상
ㄷ. 결혼 후

김유경: 빗금 친 부분(ㄴ)에 대해 말씀해 주세요.

김인근: 하루라도 기쁜 날이 있거나, 한 번은 고통에서 벗어나는 날이 있어

야 할 건데, 어머니 웃겨 봐도 웃지도 않고 어머니께 국물을 드리면 먹는 둥 마는 둥. 어머니가 기쁘게 음식을 드시면 나도 같이 기쁘게 먹지만, 어머니 음식 먹을 때 기운이 없으면 나도 같이 기운이 없고. 배고프지도 않고. 나, 그때 생활에 변화가 없다는 것을 그리려고 하니 이렇게 표현한 거.

김유경: 빨간색(ㄷ) 시기는 언제입니까?

김인근: 결혼할 때쯤 나에게 빨간색이 조금 들었지. 결혼한 후에 빨간색은 있었지만 빨간색이 나에게는 완전한 빨간색이 아니고 어딘가 모르게 희미하게 들어 있는 거. 결혼 후에 아이들과 살아도, 검은 점이 희뜩희뜩 지나가는 거라. 그것도 고통스러워. 한꺼번에 고통받는 것처럼. 사람들에게 도피자 가족이라고, 빨갱이 가족이라고 소리 없이 업신받는 그것이 그렇게 사람을……

제
3
부

현 재

　4·3사건위원회의 희생자 신고 내용을 시기별로 보면, 1948년 53.1%, 1949년 34.2%로 나타난다. 특히 월별 희생 실태를 분석하면, 강경진압작전 진행 전후인 1948년 10월부터 1949년 2월까지 집중적인 인명 피해가 발생한 것으로 집계되었다. ……결국 2만 명에서 3만 명에 이르는 무수히 많은 주민이 대부분 국가 공권력에 의해 희생되었음을 알려 준다(『제주4·3사건진상조사보고서』, 2003, p. 373).

지금도 돌아가신 가족에게 미안한 마음이 들다

어머니, 여든다섯 살에 돌아가시다

어머니는 그렇게 아파하면서도 올케언니 말만 했어. 불쌍하게 남의 집 자식, 우리 집에 와서 가게 했다고. 어머니는 음식도 바삭바삭한 거 시원하게 먹지도 못하고. 고기라도 제대로 차근차근 씹어서 드시지도 못하고. 아랫니는 몇 개만 있었지. 거의 부서졌으니까. 단지 물죽으로만 드시고. 말째 가니 바짝 말라서 뼈 위에 가죽만 남고. 그러다가 여든다섯 살 가까워 갈 때 자리에 눕기 시작하다가 돌아가셨어.

지금 같으면 약도 먹고, 진통제 주사도 맞으면서 치료할 건데, 그 당시 약이라고는 오로지 호박하고 소고기로만. 내가 간호를 더 잘했으면 어머니가 더

[그림 17] 어머니와의 추억

살 수도 있었을 건데, 내가 잘 못 해 드려서 돌아가신 것만 같고. 고운 옷 입어서 나하고 어디 손잡고 구경하러 가지도 못하고.

난 멀미해서 차를 못 타는데, 언젠가 한 번 동네 노인들하고 키미테 붙여서 관광을 갔어. 거기서 코끼리 쇼, 말 쇼, 오토바이 해서 뻥뻥 돌리는 거 보고 있으니, 어머니 살아 계시면 여기 와서 이런 거라도 보여 드릴 것인데 하는 생각이 나고.

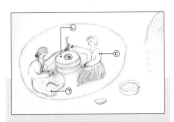

ㄱ. 어머니
ㄴ. 맷돌
ㄷ. 자신

어머니의 마지막 말씀

이때부터 친구들을 조금씩 만들기 시작했어([그림 17]). 어머니가 일어나서 앉을 때쯤. 어머니가 고구마 구워서 놔두었다가 친구들 갖다 주어라 하면 친구들하고 같이 먹고. 바깥에는 안 나가도 우리 마당이 컸으니까 거기서 고무줄하면서 놀고. 어머니가 맷돌로 미숫가루 갈아 주면 봉투에 담아서 신나게

어머님 께

고생 고생 하시다가 세상을 떠나
어디로 갔습니까?

인근이가 좋은 음식. 좋은 옷 한벌
해 드리지도 못하고

고생만 하다가 가신 어머님!

위가 그리 곱하여 빨리 떠나셨습니까?

조금만 더 계셨더라면

어머님 손잡고 구경도 가고 싶었는데

어머님 죄송 합니다.

제가 잘 못하여 돌아가게 하여서

죄송 합니다.

어머님 ....

불러도 또 부르고 싶은 우리 어머님

　　　　　　막내딸 인근 올림

어머님께

고생고생하시다가 세상을 떠나 어디로 갔습니까?
인근이가 좋은 음식, 좋은 옷 한 벌 해 드리지도 못하고
고생만 하다가 가신 어머님!
뭐가 그리 급하여 빨리 떠나셨습니까?
조금만 더 계셨더라면 어머님 손잡고 구경도 가고 싶었는데
어머님 죄송합니다.
저가 잘 못하여 돌아가게 하여서 죄송합니다.
어머님…….
불러도 또 부르고 싶은 우리 어머님

막내딸 인근 올림

친구들한테 나눠 주고. 그러면 미숫가루는 길가에 뿌려지고.

운동회 때 안경 쓴 할아버지와 함께 뛸 때 마음이 10이면([그림 4]), 이때는 10에 7 정도 기분이 좋을 때. 어머니 자신은 아파하고 있지마는, 나는 세상 사람 다 돌아가도 우리 어머니는 절대 안 죽을 거다, 절대 안 죽어서 나와 같이 살 거다. 그런 생각으로 신났지, 어린 마음에.

어머니 돌아가실 때 말씀이 인근아, 어머니 보고 싶으면 절에 오라. 절에 오면 법당 어느 한구석에 내가 있을 테니. 제대로 된 고운 곳에 앉겠느냐마는 어느 한구석에 내가 꼭 앉아 있을 테니 절에 오라고 하셨어. 네가 오면 나도 너 보고, 너도 나 보고. 제사 때나 보고 싶을 때 절에 오라고.

수의

부모님 돌아가실 때 깨끗한 수의를 입혀 드렸지마는 그건 생각이 안 나고 지금도 우리 어머니, 아버지는 그 피범벅 된 수의를 입어서 세상을 떠나갔구나. 고운 옷 한 벌 못 입고 그 피범벅 된 옷만 입어서 갔구나 하는 그런 생각만 들어. 아버지, 어머니, 우리 형제간은 모두 피범벅된 수의를 입어서 간 걸로만 생각이 들어. 지금도 (울먹임). 수락*한 수의를 입어서 세상을 떠났다는

---

* 만지거나 스칠 때 부드럽고 상쾌한 느낌이 드는.

생각이 안 들어. 어머니, 아버지, 언니네 모두 피로 범벅된 그 수의만 입어서 떠나가 버린 거 (울먹임). 세상에, 세상에, 그런 시절이 다시 온다고 하면 먼저 떠나야지. 그 모습을 보느니 참, 볼 수가 없지. 무서워.

지금도 돌아가신 가족에게 미안한 마음이 들다

가난하거나 배고픈 고통보다 4·3이 더했지. 배고픈 고통은 며칠 동안 참을 수 있을 거 같은데, 가난하거나 옷 없어도 살아질 것 같은데, 이놈의 4·3 고통은 내가 말로 표현 못할 정도라. 참을 수가 없어.

오죽 답답했으면 어머니한테 이머니, 아버지가 있는 곳으로 갈까요……. 하는 말을 했을까. 그럴 때마다 어머니는 내가 죽는 건 괜찮아도, 넌 죽으면 안 된다 하며 울었지. 그때 내가 괜히 어머니를 울렸구나, 어머니 웃을 수 있도록 해야 되는데, 왜 이렇게 내가 어머니를 울리는가 하는 후회가 들고. 그런 다음에는 어머니, 아닙니다! 아닙니다! 제가 잘못했습니다 하고. 어머니 울려진 마음에……. 지금도 그 생각이 나. 피고름 쏟아져 나와 괴로워하는 어머니한테 아버지 있는 곳으로 가자고 조르며 어머니 울렸던 생각.

그러하고 오빠가 동척회사에서 머리 왕상하게 해서 나올 때, 내가 뭐라고 말했던 생각. 그냥 예, 예 하면 되었을 것을. 오빠 마음을 왜 괴롭게 하였는고 하는 미안한 마음이 지금도 들어.

본인은 대통령의 사과 소식을 듣게 되어 기쁩니다. 본인은 그와 관련된 어떠한 기사도 보지 못했습니다. 본인은 적어도 미국 대통령이 그곳에 가기를 희망합니다. 미국이 이 끔찍한 비극에 대해 많은 책임이 있다는 것은 말할 것도 없기 때문입니다. ……권력이 있는 사람들은 자신들의 범죄 행위를 매우 쉽게 잊습니다(노암 촘스키, 『4·3과 역사』, 제3호, 2003, p. 9).

• 이 글은 언어학자이면서 정치비평가인 노암 촘스키(Noam Chomsky)가 노무현 대통령의 4·3에 대한 사과와 관련한 의의를 2003년 11월 26일 제주4·3연구소의 요청으로 보내온 것이다. 이 지면에는 부분만 발췌하였다.

● 과거의 4·3과 현재의 4·3

기억에서 지울 수 없는 4·3

주전자나 냄비 데우는 건 잊어버려서 태워서 냄새가 나야 아는데, 4·3 저쪽에 일은 생생하게 하나도 잊어버려 지지 않아. 총 멘 군인들, 경찰들이 눈 반짝반짝하면서 바딱바딱 돌아다니는 모습, 호루라기 소리들. 어릴 때는 살려고 도망쳤지마는 다시는 산지옥을 살고 싶지 않아.

만일에 4·3 같은 그런 일이 다시 일어난다고 하면, 부모형제보다도 내가 먼저 떠나고 싶어. 다시는 나 혼자 살려고 발버둥 치지도 않을 거. 절대 살아서 취조받느니, 그 피해받느니, 그……. 밖으로 나와도 도피자 가족이라고 해서 그……. 참, 뭐랄까(깊은 한숨). 저, 정말 눈빛, 행동으로 사람을 업신여기는……. 상대방은 그렇지 않았겠지만 나 스스로 죄인이 되었어. 이런 기분은 총 맞는 것보다 더 마음고생이 심해. 그거 사람이면 감당하기 힘들어.

김인근: ([그림 18]을 그리면서 웃음) 에이 참, 여든 돼서…….

김유경: 재미있습니까?

김인근: 응, 막 낙서해 가니 신나서. 이렇게 신나는데 남이 이거 보면 참, 희한한 이런 그림도 있나 해서 웃을 거라고. 웃거나 말거나 이젠.

김유경: 이 그림은 어머님만 그릴 수 있는 그림입니다.

김인근: 에이, 참(웃음), (빨간색을 집으며) 새빨간 거 이것인가?

김유경: 예, 맞습니다.

김인근: 그런데 구렁텅이는 어느 색을 하면 좋을까(혼잣말로 중얼거림). (검은색을 찾으며) 거무스레한 거.

김유경: (검은색 크레파스를 건넴)

김인근: (낙서하듯 색칠하면서) 지금 그리는 것은 나 좋아하는, 낙서하는 거 나왔다. 이리로 삭삭, 저리로 삭삭.

김유경: (웃음)

김인근: (이전까지는) 색을 칠하고 싶지 않아. (연필) 그림으로만 낙서하지. 이런 건 안 해 봤어. 하면 내가 어색해져.

김유경: 색칠하는 거요?

김인근: 응.

김유경: 지금은 어떠십니까?

김인근: 아이, 이젠 낙서하니까(웃음). 첫날(인터뷰 초기) 이거 했으면(색을 사용한 그림) 벌벌 떨었을 것인데(웃음). 지금은 낙서하니 신나는 거야. 이러한 구렁텅이에서 어머니하고 내가 이러지도 저러지도 못해서 하는 거야. 오늘 낙서하는 것은 제일 좋다. 처음에 그림 그릴 때는 잘못되면 어떻게 할까 하는 그 걱정했는데, 이젠 그런 생각은커녕.

여기([그림 18]) 검은색에 빨간색 칠해 버린 데가 나(ㄱ). (자세하게) 나 그릴 필요 없이. 이것은 냄새나면서 썩어 가는 어머니(ㄴ). 나는 빨간 색깔 있고 머리밖에 없는……(ㄱ). 이 구렁텅이에서 살아가는 것이 사람도 아니고 귀신도 아니고. 빨간색이 조금이라도 있으니 사람이라고 하지.

어머니는 빨간색이 하나도 없어. 그냥 시신이 된 몸이야. 피고름으로 쏟아져 나오는 그 어머니. 그러니 나한테만 빨간색 칠한 것은 내가 어머니보다 조금 건강한 모습이니까 빨간색을 칠한 거. 난 이 구렁텅이에서 햇빛 속으로 나가지 못할 바에는 형제간 있는 데로 가고 싶다고 몸부림칠 때가 이때. 여기

[그림 18] 과거의 4 · 3과 현재의 4 · 3

서 밖으로 나오리라고는 꿈에도 생각을 못할 때. 남이 우리를 사람으로 인정 안 해 주는 것 같고. 산폭도라고 하는 것 같고. 죄인 아닌 죄인 몸이 되었어.

어머니하고 사는 고통만 해도 무거울 건데 빨갱이, 도피자 가족이라고 몰아세우니 복통은 끊어지고 억울하고. 그러니 밖에 나오지도 않고. 문 닫아서 하다가 답답하고 미칠 거 같으면, 종이 주워서 종이쪽에 일기 쓰고. 어머니가 조금 정신 나서 걸으시고 어머니대로 조금 옷 갈아입을 정도가 되어도 그래도 이 속에 살 때야.

4·3평화공원에 집 짓고 있다. 위패들 앉히고 있다는 소식은 들었지. 그래도 안 갔어. 그날 책자 나오면 그 책만 빌려다가 보고. 4·3평화공원에 동네 사람이 세 번째까지 간다고 해도 나는 안 갔어. 그때까지도 여기에서 쭈그려 앉은 거. 다들 간다고 해도 안 갔

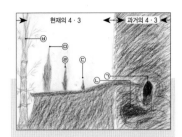

현재의 4·3 ◀━━▶ 과거의 4·3

ㄱ. 자신
ㄴ. 어머니
ㄷ. 4·3평화공원 다녀온 후의 죽순
ㄹ. 4·3체험담 발표 후의 죽순
ㅁ. 선생님을 만난 후의 죽순
ㅂ. 위의 ㄷ, ㄹ, ㅁ의 요소들이 복합적으로 영향을 끼쳐 자라난 대나무

어. 마음의 문을 열지 못했어.

네 번째 되는 해에 동네에서 차를 대절하여 간다고 하니 그러면 나도 가서……. 혹시……. 아버지, 어머니 위패라도 거기 있을까, 가서 확인만이라도 하고 오자 해서 국화꽃 한 송이 들고 갔는데 아버지, 어머니, 작은아버지, 올케언니 위패들이 앉혀 있었어. 오빠는 행방불명되어 버리니 다른 곳에 위패가 있고. 위패 보는 순간, 우리 가족을 폭도라고 나무라다가 우리를 살아나게 해 줬구나, 이젠 우리 오빠 죄가 없구나 하는 그 힘을 가지게 되었어.

위패들이 셀 수 없이 꽉 차게 앉은 걸 보고 있으니 나만이 아니로구나, 저 어른들도 나 같은 어른이고 나보다 더한 시신 못 찾은 어른들도 있는데, 그래도 나는 부모님 시신이라도 찾으니 다행이구나 하는 그런 마음을 먹게 되었어. 못 찾은 어른들은 시신이라도 찾아졌으면 하는 사람이 천지니까. 아, 그걸로 생각하면 내가 좀 낫구나 해서 그때 용기 얻고 왔어. 그리고 부모형제가 여러 고인들과 같이 있으니 외롭지 않겠구나 하는 생각이 드니 마음이 편안해지는 거야. 그때 죽순이 조금 기어 나왔어(ㄷ).

4·3평화공원 갔다 온 후(2007년), 얼마 지나지 않아 4·3연구소에서 연락이 왔어(2008년). 시민회관에 가서 4·3 당시 겪은 그대로만 말씀해 주십사 하고. 시민회관 가서 4·3체험담 발표한 후에는 죽순이 요만큼 나왔어(ㄹ).

시민회관 가서 발표할 때도 무서워서 이 말을 해야 할까, 하지 말아야 할까,

어머니와 아버지는 이미 세상을 떠났는데……. 지금 내가 4 · 3을 말했다고 잡아가지는 않겠지 하는 생각이 들면서도, 다른 한편으로는 혹시나 어디 가서 징역을 살 거 아닌가 하는 마음도 들고. 그러다 나중에는 내가 부모형제의 억울한 말을 했다 하여 징역을 산다 해도, 난 떳떳하게 징역 살 거다. 좋다. 아, 그렇게 하면서 내 스스로 나를 달랬어.

그다음은 선생님(김유경)을 만난 거야. 선생님을 만나서 이 모든 답답한 그림이고, 나 편지들 보내고 하니 죽순이 요만이 올라와 버렸어(ㅁ). 그래서 이 죽순이 내 마음속에서 막 크는 거야. 이 죽순이 커서 대나무가 되어 이파리가 나오니 기분이 좋아지는 거(ㅂ). 그러니 앞으로는 나는 죄인이 아니다, 우리 부모님도 죄인이 아니다, 우리 가족은 당당하다 하는 마음을 가져서 대나무가 나올 정도로 사는 거야.

4 · 3은 왜 일어났다고 생각하는가

4 · 3은 이북, 이남이 갈라져서 빨갱이 죽여라, 군인 죽여라 하는 사이에 그 중간에서 아무 죄 없는 사람들 죽어 간 것이 4 · 3. 죄 없는 사람들만 아주 억울하게 되어 버렸어. 죄인들처럼 만들어 가면서. 우리 대한민국이 북이고 남이고 하나가 되었으면 4 · 3은 안 일어날 거. 뚜렷하게 4 · 3이 어느 줄거리로 나와서 어떻게 어떻게 한 것은 난 잘 모르지마는 무턱대고 남한하고 북한이

통 갈라져서 네가 크다, 내가 크다 싸움하는 사이에 4 · 3이 일어난 거야.

4 · 3 당시 군인과 경찰에 대한 오늘날의 생각

4 · 3 자체는 용서하고 싶은 생각이 없어. 그 아무것도 모르는 어른들⋯⋯. 그 애기들까지. 한참 커 갈 애기들까지 무지막지하게⋯⋯. 4 · 3이 우리 식구를 통째로 삼켜 버렸어. 그것을 난 용서할 수가 없어.

그러나 군인, 경찰을 모두 나쁘다고 할 수는 없어. 그때 좋은 군인이 아니었다면, 나는 그 트럭에 타서 어머니와 함께 누러이로 갔을 거야. 내가 그때 안 도망쳤으면 우리 집안은 그림자 하나도 없을 거. 그 옛날 이승만 대통령, 그 부하 아래로 싹싹싹싹 나와서 했지만 그런 저런 일들 떠나 두고 단지 심부름꾼으로 일했던 군인, 경찰 모두를 나쁘다고 할 수는 없어. 군인, 경찰들도 여러 가지야. 예를 들면, 우리 아버지 고문하듯이 계급 올라가는 거 때문에 하는 사람도 있었고, 나에게는 트럭에서 도망칠 수 있도록 한 좋은 군인도 있었고.

2011년 4 · 3평화공원 추모식에서 오빠의 표석을 부둥켜안고

다른 집은 미리 나왔는데 우리 오빠 표석은 늦게 나왔어. 나중에 신청해서 그랬는지 신청할 때 오빠의 행방불명이 확실하다, 확실하지 않다는 것을 확인하기 위해 증인 두 사람을 데려와야 한다고 했지. 증인들이 오빠의 행방불

좋은 군인에게

4.3 당시 군인과 경찰은
성난 무서운 호랑이처럼 아주 무서웠다.
그런데 좋은 군인 한 분이 나를 때리는 군인에게
"때리지 마십시오. 제가 이 아이를 차에다 데리고
가겠습니다." 라고 말했다.
그 한 마디에 나는 그 군인이 순한 양처럼 보였다.
너무 고맙고 이런 좋은 군인도 있구나 하는
생각이 들었다.
나는 살기 위해 도망을 갔다.
좋은 군인 아저씨가 도망가는 나를 잡으려고
하였다면 얼마든지 잡을 수도 있었다.
그런데 좋은 군인 아저씨는 못 본 척 해주었다.
고마운 군인 아저씨

좋은 군인에게

4·3 당시 군인과 경찰은 성난 무서운 호랑이처럼 아주 무서웠다.
그런데 좋은 군인 한 분이 나를 때리는 군인에게
"때리지 마십시오. 제가 이 아이를 차에다 데리고
가겠습니다."라고 말했다.
그 한마디에 나는 그 군인이 순한 양처럼 보였다.
너무 고맙고 이런 좋은 군인도 있구나 하는 생각이 들었다.
나는 살기 위해 도망을 갔다.
좋은 군인 아저씨가 도망가는 나를 잡으려고 하였다면
얼마든지 잡을 수도 있었다.
그런데 좋은 군인 아저씨는 못 본 척해 주었다.
고마운 군인 아저씨

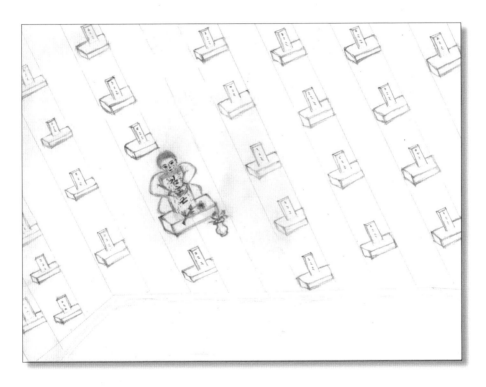

[그림 19] 4 · 3평화공원에서

명이 맞다고 하여 표석을 했어. 2011년 4월 3일, 4 · 3평화공원에서 추모식이 있었어. '경인지역'이라고 적힌 곳에 가 보니 오빠 표석이 있었어. 며느리는 꽃을 많이 준비하고 갔지. 그렇지만 나는 국화꽃 한 송이만 하고.

그 비 온 날, 젖은 땅에 털썩 주저앉아 오빠의 표석을 안았지. 그때 내가 표석을 앞으로 안을 건데, 표석 앞에 제사상에 과일하고 음식을 올리려고 아들과 아빠가(배우자) 제를 지내게 되니 설 곳이 없어 뒤로 가서 표석을 안았어. 표석 보는 순간, 오빠가 살아온 것 같아 오빠! 어디 갔다가 이제야 왔습니까! 하며 울면서 매달리고.

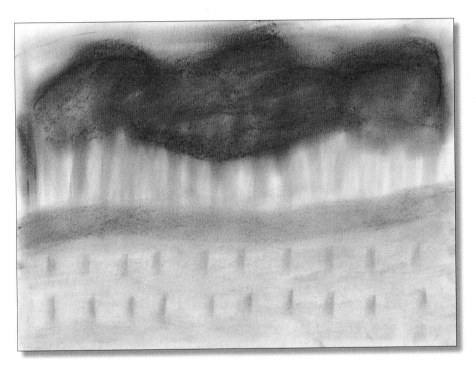

[그림 20] 그림 19의 오빠의 표석을 마주한 감정

김인근: 그날 비가 많이 왔어([그림 20]). 나도 많이 울고. 이곳은 표석들이 잔디밭에 줄지어 있는 거(ㄱ). 여기는 길(ㄴ), 사람 지나가는 길. 하늘에서는 비 오는 거고.

김유경: 오빠의 표석을 보았을 때 마음이 어떠했습니까?

김인근: 마음 한쪽으로는 울어도, 오빠 표석을 보니 오빠가 살아온 그런 기분. 표석 보는 순간 아이구, 오빠야! 하고 소리치고. 표석만 봐도 오빠가 의젓하게 살아온 것처럼 내 앞에 나타난 기분이라. 첨, 기분이 좋아도 울고, 슬퍼도 운다고 하는 그 말이. 표석에 써 있는 '김호근' 이름만 닦았다, 닦았다, 보고 또 보고. 표석이 비에 젖으면 표석만 닦고. 그러면서 좋아하고.

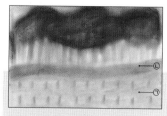

ㄱ. 4·3평화공원 내 행방불명자 표석이 있는 곳
ㄴ. 통행로

[그림 21] 오빠, 해가 되어 나를 비추다

김인근: 이 그림([그림 21], ㄱ)은 오빠가 나
　　　　를 비추고 있다는 생각으로 그린
　　　　거야. 나는 검은색에 갈색뿐(ㄴ).
　　　　환한 세상은 조금도 없었지. 지금
　　　　도 그때 생각만 하면 그 당시 그림
　　　　으로만 나와.

김유경: 빨간색에 대해 말씀해 주세요(ㄷ).

김인근: 이 빨간색은 조금 힘이 있다는 표
　　　　시야. 내가 조금이라도 살았으니
　　　　빨간색이 있다는 표시로.

김유경: 어머님(김인근)께 빨간색은 어떤 의
　　　　미가 있습니까?

김인근: 내가 검은 흙탕. 지옥 그런 곳에서
　　　　만 지냈는데 빨간색은 조금이라도
　　　　내가 살겠다는 정신, 의지. 여기
　　　　(ㄷ)는 오빠가 햇빛으로 나를 비추
　　　　니 힘이 생겨서 온 천지에 빨간색
　　　　이 나오고 있구나, 오빠의 힘으로

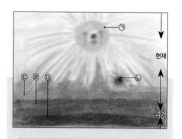

ㄱ. 오빠	
ㄴ. 자신	
ㄷ. 오빠의 빛으로 인해 힘이 난 느낌을 빨간색으로 표현	현재
ㄹ, ㅁ. 과거의 고통을 검은색과 갈색으로 표현	과거

도 이 빨간색이 나오고 있구나 하는. 그리고 내가 지금 4 · 3을 말
하고 있으니까 빨간색이 나오고 있구나 하는. 빨간색이 나에게는
힘. 내 힘이 솟았다는 것을 오빠한테 이런 그림으로 알리는 거. 오
빠한테 직접 가지는 못해도. 이 위는 현재(ㄱ, ㄴ, ㄷ), 아래는 옛날
지옥(ㄹ, ㅁ). 오빠가 나를 바라보고 있는 모습(ㄱ).

명예회복은 되었으나*

김인근: 이쪽 부분(ㄴ)보다 여기(ㄱ)가 좋다. 무엇이 살아나는. 기분이 환해
　　　지는 기분.

김유경: 아랫부분(ㄴ)보다 윗부분(ㄱ)이 마음에 드신다는 말씀이죠?

---

* 2011년 2월 심리 변화를 알아보기 위해 김인근에게 『제주, 자연유산과 민속문화』, 『고려불화』, 『마크
　로스코』 3권의 자료를 제시하였다. 김인근은 이들 자료 중 『마크 로스코』 작품을 선택하여 자신의 심
　리 상태를 이야기하였다. 각각의 자료는 다음의 예측으로 채택하였다.
　• 예측1 『제주, 자연유산과 민속문화』─사진 자료집으로 제주의 역사, 제주세계자연유산, 해양생물,
　　육상식물, 육상동물, 민속문화 등 제주의 자연생태와 고유의 민속을 소개하는 내용으로 구성되었
　　다. 이 자료는 구체적인 형상을 통해 심리가 반영될 수 있음을 고려하여 채택하였다.
　• 예측2 『고려불화』─다양한 고려불화를 싣고 있는 이 자료는 종교적 측면을 통해 심리가 반영될 수
　　있음을 고려하여 채택하였다.
　• 예측3 『마크 로스코』─로스코의 14개 작품이 수록된 포트폴리오 자료로, 순수추상회화를 통해 심
　　리가 반영될 수 있음을 고려하여 채택하였다. '색면회화' 화가로 알려진 마크 로스코(Mark Rothko,
　　1903~1970)는 러시아 태생 유대인으로서, 그가 열 살되던 해인 1913년에 미국으로 이주하였다.
　　1921년에서 1923년 사이에 예일대학교에 입학하여 수학하였으나, 유대인들이 사회적으로 쉽게 받
　　아들이지 않는다는 사실을 깨닫게 됨에 따라 결국 2년의 공부를 마치고 중퇴하였다(1969년 예일
　　대학교에서 명예 미술박사학위 수여).

[그림 22] 마크 로스코, 〈샤프란〉, 1957년, 177×137cm

김인근: 이 화가는 나 같은 생각을 요만큼
도 안 하겠지만 나는 빛이 출렁출
렁해 가는 그런 마음이 들어.

김유경: (이 그림의) 빛을 좋아하시나 봐요.

김인근: 응, 그런데 이 빛이 불빛이기 때문
에 좋아하는 것이 아니고, 내 속이
캄캄하게 썩어 들어가면서 울며불
며하던 그 세계가 이젠 환하게 나
아가는 그런 기분이 들어서 (좋은
거야). 내가 속이 뭉그러지고 캄캄
한 그런 생활을 했어.

이것(ㄱ의 빛)이 아직은 요만큼이
지만(조금이지만), 차츰차츰 퍼지
면서 이 어두움 속에서 나오는. 이
작가는 어떤 마음으로 이 그림을
표현했는지 난 잘 모르겠지만, 내
생각으로는 희미한 곳에서 환한
세상이 나오는 것처럼 보여.

김유경: 환한 세상이란 어떤 세상을 의미하는 건지요?

김인근: 명예회복!

김유경: 어머님 가족은 이미 명예회복이 되었습니다.

김인근: 그래, 그때 명예회복되었다고 해서 내가 아주 기뻐했어.*

김유경: 명예회복이 되었는데, 듣고 싶거나 하고 싶은 말이 있다면 어떤 것
입니까?

김인근: 이전에는 명예회복만 해 줘도 너무 감사하다고 생각했는데, 명예를
회복해도 지금은 희미하게 (되는). 그래서 4·3 공휴일을 만들어서
손자, 손녀들 데리고 할아버지 위패 있는 곳에 가서 볼 수 있게 하
는. 이날 하루 공휴일로 지정되었으면 하는 그 바람이.

그리고 우리 부모형제 영혼들을 딱 끌어안고 우리는 죄인이 아닙
니다, 눈 편안히 감고 좋은 곳으로 가세요 그런 말을 하고 싶어. 아
버지는 인근아, 집에 있으라 하는 말 한마디 못하고 돌아가셨어.
아버지께 무슨 죄로 그렇게 돌아가셨습니까? 그런 말도 하고 싶
고. 부모형제가 인근이한테 할 말이 있으면 실컷 하고 나도 듣고.
그저 주고받는 말만 하고 싶어.

---

* 2000년 정부에 의해 「제주4·3사건진상규명 및 희생자명예회복에 관한 특별법」(이하 「제주4·3특별
법」)이 제정되면서 4·3희생자와 그 유족들의 명예회복이 이루어졌다.

김유경: 아, 대화를 하고 싶었군요.

김인근: 응, 아버지, 어머니와 함께 대화만 하고 싶어. 몇십 년 된 이 일은
잊어버려 지지 않아. 내가 기분이 좋으면 우리 어머니, 아버지도
기분이 좋은 것처럼 생각되고. 부모형제 생각을 하지 않는 날이
일 년에 한두 번 정도, 그런 정도지. 매일이야. 매일.

길 가다가 자식들이 노인 손잡고 병원에 모시고 가는 것만 봐도,
우리 어머니, 아버지만 계신다면 난 저 사람들보다 더 곱게 손잡아
서 갈 건데 하는 이런 생각으로만 연결되는 거야.

그래도 이젠 선생님 온 후에는 내가 신이 났어. 숨기는 것도 없고,
무서운 것도 없고, 그림 그리고 편지 쓰고 하니 어디 나가면 움츠
러들지 않는 거야. 움츠러들고 병 걸린 사람처럼 했는데 이젠 당
당해진 거야. 죄인에서 벗어나는 그런 기분. 죄인이 아니다! 하는
그런 기분.

마음 한구석에 시커멓게 탄 그 병이 조금 하얗게 좋아지는 그런 기
분이라. 표현을 하자면 그런 기분. 이젠 누가 노인당에 오라고 하
면 달려가고.

김유경: 예전에는 노인당에 잘 다니지 않았습니까?

김인근: 가더라도 움츠러들고. 뒤편에만 앉고. 그런데 이젠 차츰 그런 것

이 없어졌어. (『제주, 자연유산과 민속문화』를 보며) 난 이런 꽃도 좋아하고, (『고려불화』를 보며) 절에 대해서라면 책도 보려고 하는데, (『마크 로스코』를 보며) 오늘은 이 그림이 마음에 들어.

김유경: 제가 다녀간 다음부터는 기분이 어떻습니까?

김인근: 너무나. 나, 조금 젊어 보이지 않은가?

김유경: (웃으며) 예, 맞습니다. 제가 지금 그 말씀을 드리려고.

김인근: 그전에는 우울증 모양으로 옷도 산뜻하게 입고 싶지 않았어. 그런데 이젠 나도 당당히 떳떳하게 말할 수 있다는 그런 생각을 가질 수 있어. 그전에는 4·3 이야기만 하면 움츠러들고 아이고, 또 무슨 일이 터질 건가 했는데.

배우자와 4·3 경험을 나눌 수 있게 되다

결혼한 후에도 힘들었지. 친한 친구한테라도 그때 이렇게 살았다고 선생님한테 말하듯 하면 될 건데, 그때는 우리 다른 말 하자, 10원짜리 화투치기나 하자며 싹 무마시켜서 말하고 싶지 않았어. 마음속에만 담아두면서……. 내가 그런 말 한마디라도 하면 얼마나 좋아. 일체. 누가 4·3에 대한 말만 하면 그 말하는 사람 자체가 싫었어. 4·3에 대해 물어보면 난 잘 모릅니다, 모른다고만 했지.

집에서는 아이들 아버지가 그래도 나를 생각해서 4·3에 대한 말을 꺼낼 때가 있는데, 난 그런 말 하지 말라고 딱 중단시켜 버렸어. 무섭고 듣기도 싫은데 왜 그 말을 꺼내느냐고. 그럴 때마다 (배우자는) 서운해하고.

그런데 이젠 4·3에 대한 이런 저런 말, 하고 싶은 말을 하니 기분이 나아지는 것 같아. 아이들 아버지 하는 말이, 4·3에 대한 말을 함께 주고받으면서 하니 아주 좋다고 해. 또 노인당 갔을 때 사람들 앞에서 '못 견디게 외로워도' 그 노래를 불렀어. 나대로 가사 만들면서. 텃밭에서 혼자 이 노래를 부를 때는 계속 눈물이 났는데, 노인당에 가서 부를 때는 울지 않았어. 오히려 다른 사람이 눈물을 흘렸지. 노인당에서 그 노래를 불렀으니 이제 내 마음이 풀어진 거야.

4·3 당시 희생된 원가족과 현재 가족

대나무하고 나비가 생각났어. 그런데 대나무로 그리는 것이 나비로 그리는 것보다 좋겠다는 생각이 들었어([그림 23]).

돼지, 말, 소 꽉 차게 그려서 즐겁게 사는 것을 그리고도 싶었는데……. 큰 꽃밭 모양으로 해서 나비들을 그리고 싶었는데……. 아니다 하는 생각이. 나비는 기뻐서 날아갈 수도 있고. 기뻐서 먹이 찾으러 갈 수도 있고. 어느 꽃밭에도 찾아갈 수도 있지만, 나비가 될 정도로 우리 부모님 여유 있게 아니 갔다, 잔인하게 칼로 탁탁 베는 것처럼 떠났다 하는 그런 생각이 들었어. 칼로 대나무 자르는 연습하듯이 우리 부모형제 단번에 돌아가셨어. 악! 하는 소리도 못 내보고 단번에 가 버렸어. 그러니 한참 커 올 때 사람들이 와서 탁탁 쳐서 뿌리까지 다 죽여서 없어. 나만 저렇게 뾰족뾰족 살아 있는 거. 나 혼자 살아서 자식하고 손자들 대나무 잎으로 표현하고. 대나무 이파리가 저렇지 않지만 식구들을 표현하려고 하니. 이건 대나무 이파리도 아니고, 들에 나는 풀도 안 같고 해도, 내 마음속에 있는 우리 가족을 표현한 거.

가지들은 (현재) 자식들, 한 집안에 네 식구씩 다 있고. 그러니 저 그림에는 돌아가신 우리 아홉 식구, 지금 내 식구들이 전부 들어갔어. 우리 아들, 딸, 며느리, 손자. 그리고 돌아가신 아버지와 어머니, 친언니, 작은아버지, 오빠, 올케언니, 조카 두 명, 올케언니 배 속의 애기도. 내용을 모르는 사람은 글자인 줄 알 거야(ㅂ). 배 속의 애기인 줄은 모를 거야. 그런데 배 속의 애기.

4·3 때 우리 가족, 그런 비극이 없었다면 이 대나무가 울창하게 숲을 이룰 건데, 이 도화지 속이 꽉 찰 텐데……. 한라산에 숲 속은 저리 가라 일 텐데. 지금 살아 있는 것은 나 하나뿐. 이 그림은 나 머릿속에서 상상하는 우리 식구.

[그림 23] 4 · 3 당시 희생된 원가족과 현재 가족

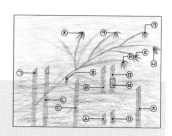

ㄱ. 아버지 ㄴ. 어머니 ㄷ. 작은아버지 ㄹ. 오빠 ㅁ. 올케언니 ㅂ. 올케언니 배 속의 태아(작은 대나무로 표현) ㅅ. 오빠의 첫째 아들(당시 4세) ㅇ. 오빠의 둘째 아들(당시 2세) ㅈ. 친언니	4·3 당시 희생된 원가족
ㅊ. 첫째 아들 가족(네 개의 잎사귀=네 명의 가족) ㅋ. 둘째 아들 가족(네 개의 잎사귀=네 명의 가족) ㅌ. 첫째 딸 가족(네 개의 잎사귀=네 명의 가족) ㅍ. 둘째 딸 가족(네 개의 잎사귀=네 명의 가족) ㅎ. 셋째 아들 가. 막내딸 가족(네 개의 잎사귀=네 명의 가족) 나. 김인근과 배우자(두 개의 잎사귀=부부)	현재 가족

〈심리적 변화 1〉 2009년 9월과 2011년 4월

지금은 대나무(B)가 그때(A)보다 내 마음속에서 컸어. 커도 커도 많이 컸지. 이렇게 답답할 때(A)하고, 저 그림 그릴 때(B)하고 그리는 걸로만 해도 마음이 서너 단계 올라간 거 같아. 여기서(A)는 나 답답한 것만 구렁텅이 닮은 데서 나오는 그런 생각만 표현했고. 이제(B)는 억울하게 돌아가신 분들을 어떻게라도 표현하고 싶은 거.

그림 그리고 글 쓸 때도 아 – 좋다, 아 – 좋다 했는데 오늘은 총 팡! 쏘면 탁자빠지는 돌아가신 어른들을 표현하니 마음이 좋아. 이전까지는 가족이 죽어 간 참혹한 모습에 대해 말하고 싶지 않았어. 돌아가셨다는 말 자체를 하기 싫었어. 부모님이 돌아가신 얘기를 꺼내려고 하면, 처참한 모습이 떠오르면서 몸이 발발발발 떨리고 속이 답답하고, 말이 목에 걸려서 잘 나오지 않는 거야. 그런데 지금은 내 부모형제가 돌아가셨다고 당당하게 말할 수 있어. 이 그림(B)처럼 당당하게.

남이 이 그림 보고, 그림이라고 해서 그렸는가 하며 웃어도……. 세 살 난 아기 그림이라고 하면서 웃어도……. 내가 이분들의 고통을 알린 것 같아 기분이 편안해. 억울하게 간 것을 알린 것이 좋다 하는. 그래도 나 혼자 살아서 자식, 손자들을 그림으로 그리니 저기(B) 다 우리 가족이 있구나 하는. 4 · 3 글자만 나오면 말도 못 꺼냈는데, 이젠 말도 하고 그림도 그리고. 그 당시 어머

니 살아올 때 거. 아버지 고통받아난 거. 그러니 병원에서 어느 한 부분 수술
받은 거 같아. 기분이 시원해졌어. 내 속에만 놓지 않고 그것들이 바깥으로
나와 버린 것 같아.

[A] 과거의 4 · 3과 현재의 4 · 3 〈2009년 9월〉

[그림 24] 심리적 변화 1

[B] 4 · 3 당시 희생된 원가족과 현재 가족 〈2011년 4월〉

09

　폭력으로 상실된 개인화를 회복시키는 힘은 바로 사회의 관심, 적절한 심리적 보상, 버림에 대한 반성, 잊음에 대한 용서와 화해가 선행되어야 합니다.

　국가 폭력에 의한 외상의 개인 치료는 사회 속에서 이루어져야 합니다. 어두운 정신과 진료실에서 은밀하게 치료되는 것이 아닙니다. 치료 과정에 수반되는 고통의 기억에 대한 내용은 개인의 경험으로 존중되고 보호되어야 하지만, 가해 집단에 의한 용서를 통해 이 치료가 반드시 필요하고, 사회가 이를 지켜보고 담보한다는 약속이 선행되어야 합니다. 사회적 치유는 관심만으로도 큰 효과를 지닙니다(이영문, 『4·3 트라우마, 그 치유의 모색』, 2011, p. 15).

지금도 늦지 않았다

현재 건강

요즘은 협심증이 자주 일어나서 목 위로만 답답해. 협심증이 사람 미치고 환장하게 만들어. 갑자기 자다가도 더버더버해 가면 큰 돌을 가슴에 가져다 눌러 버린 거 같아. 혈관 막혀 가는 병. 오랜 시간 안 해. 30분 남짓하게 해. 30분이 300시간 지나는 것처럼 못 견뎌. '어머니' 하고 부를 때도 잘 부르질 못해. 겨우 '어·머·니' 하면서 고꾸라져. 그 병은 눕지도 못하고 앉아 있으면 조금 숨이 나와.

어지럼증도 어지럼증이지만 협심증. 협심증이 제일 고통스러워. 어떤 때는 소망으로 한 달에 한 번도 안 하고, 어떤 때는 한 달에 두 번이나 그 이상할 때도 있고. 협심증으로 아프고 나면 누구한테 매 맞았던 것처럼 폭삭 아파서 어디를 가고 싶지 않아. 밥맛도 뚝 떨어지고. 약을 안 먹을 때는 낮에도 쪼그려 앉아서 박박 떨고. 땀은 발딱하게 나고.

처음은 협심증이 아니고 어지럼증. 머리가 땡 하게 돌면 집이 거꾸로 돌면서 구토 나오려고 하고. 큰어머니 살아 있을 때는, 인근이 4 · 3 때 머리 맞아서 고통받아 그 어지럼증이 생긴 거 아닌가, 그거 같다고 했어. 이젠 그 어지럼증 다음으로 협심증이 일어나 버렸어. 병원에 가니 합병증으로 된 거라고. 혈압에 당까지 있으니 음식 주의하라고. 한 달에 두 번 협심증 약하고, 혈압 약 타서 오고.

현재 주로 가는 곳

텃밭은 남이 내버린 거. 밭 주인이 채소라도 갈아서 사용하라고 했어. 텃밭은 7, 8년 넘게 했지. 조금씩 즉석에서 나 먹을 정도. 운동 삼아 올라가서 김이라도 있으면 뽑아 두고. 콩 심고, 고구마 몇 줄 심고. 고추, 파는 심을 장소가 있는데 아직 못 심고. 치커리, 배추도 이제 갈아야 할 건데.

며느리나 아들이 어머니, 호박 하나 따다 주세요, 부추 조금 주세요 할 때는 그거 주는 기분이 그렇게 좋아. 저들대로 모두 사서 먹고 있지마는 어머니가 키운 채소는 아주 맛 좋습니다 하면서 아양으로들 말하고.

김을 매거나 할 일이 있으면 아침에 가서 서너 시 넘도록 일하고, 그렇지 않으면 열두 시 되기 전에 오고. 밭에 가면 나 하고 싶은 대로. 누가 듣지 않아 부끄럽지 않으니 시원하게 노래도 불러 보고. 고음 처리 못해도 밭에서는 끼-익 해도 누구 웃을 사람도 없고.

노래 부르고 싶을 때는 부모님이 보고 싶을 때나 살아가는 것이 답답할 때. 어머니, 아버지한테 가서 어리광도 부리고 옛날같이 언니한테 가서 이런 저런 말이라도 했으면 속이 시원할 것 같은 그런 때. 찬바람이 쌀쌀할 때 울어 가면 얼굴이 막 트고 갈라져.

과거의 어머니와 나, 현재의 어머니와 나

김인근: 4 · 3 당시 어머니는 접시 위에 있는 물고기와 다름이 없었지([그림 25]). 어머니를 물고기(ㄱ)로 표현하는 사람이 어디 있을까 하는 생각이 들지만, 이렇게 검게 타서 세상 떠나기 1분 전. 어머니가 오늘이 마지막인가 내일이 마지막인가, 말로 표현할 수 없을 때. 완전한 사람으로도 못 그리고 완전한 물고기로도 못 그리고. 이 접시에서 어머니가 가 버릴 것 같았어. 그렇지만 어머니한테 빨간색이 있으니 살아 있는 거. 어머니 숨이 곰막곰막 숨이 금방이라고 멈출 것 같은.

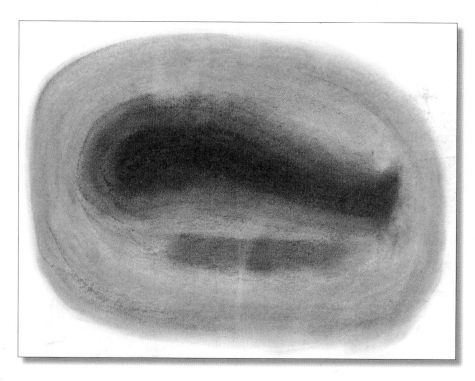

[그림 25] 과거의 어머니와 나

김유경: 이 부분([그림 25], ㄴ)은 어떤 의미가 있습니까?

김인근: 나. 나도 물고기로 표현한 거야. 그리다가 보니 내 오장도 검은색. 나도 물고기 모양해서 어머니 물고기를 따라 나가는 것으로 해야 할 건데 그 생각은 못하고. 어머니 위주로만 생각해서 그린 거. 우리 어머니가 언제면 바다로 나갈 수 있을까 하는 생각만 하고 있을 때.

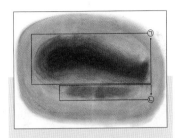

ㄱ. 어머니
ㄴ. 자신

김유경: 방금 하신 말씀 있잖습니까? 우리 어머니가 언제쯤이면 바다로 나갈 수 있을까 하는 생각. 그것을 이루어 보도록 해요.

김인근: ([그림 26]을 그림)

김유경: 바닷속 물고기를 그리시는 동안 기분이 어떠셨어요?

김인근: 이거([그림 26]) 그리면서 내가 기분

[그림 26] 현재의 어머니와 나

이 좋더라. 선생님이, 이 물고기 ([그림 25])가 살아나서 바다로 갔을 때의 모습을 그려 보세요 하여, 큰 종이에 딱 물고기를 그리니 그릴 줄은 몰라도 아이, 마음이 시원한 거야. 어머니가 살아서 실제로 온 것처럼. 내 모습도 그리고. 주변에 멸치 비슷한 물고기들은 원래 큰 물고기들이지만, 어머니하고 나하고 좋은 곳으로 가는 그 기분이 너무 커서, 옆에 있는 물고기들은 작게 보이는 기분. 멸치처럼 보이는 이 물고기들이 우리 따라 오면서 부러워하고 있는 거 같고.

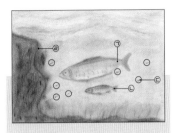

ㄱ. 어머니
ㄴ. 자신
ㄷ. 어머니와 자신을 부러워하는 물고기들
ㄹ. 맛있고 좋은 음식이 있는 곳

김유경: 좋은 곳이란 어떤 곳입니까?

김인근: 맛있는 뷔페가 있는 곳(ㄹ). 그곳으로 어머니하고 신나게 향해서 가는 거야. 이를테면 노래 부르면서

어머니 따라가는 거. 바닷속에 있으니 너무 기뻐서. 소라, 문어, 물고기들이 많이 있는 식당을 상상했지. 그 식당에 가서 어머니가 나한테 주면, 나는 어머니한테 주고 하면서. 그곳에 가면 재미있게 있을 거다 하는 생각. 그 생각하면서 그렸어.

난 이 그림 그리면서 세상에, 팔십이 다 된 할머니(김인근)가 이 그림을 그리면서 첨, 우리 어머니는 이미 흙이 된 어머니인데. 이것 참, 내가 별 생각을 다하고 있구나 하는 생각이 들면서도(웃음), 이쪽 물고기([그림 25]) 그릴 때는 몇십 년 케케묵은 기억을 그리면서 눈물도 나고 속이 답답했는데, 이거 그릴 때([그림 26])는 햐~좋다, 햐~좋다. 그림으로도 이렇게 사람이 울었다 웃었다 하는 거라.

[그림 27] 심리적 변화 2(마크 로스코, 〈무제〉, 1968년, 60.3×45.7cm)

〈심리적 변화 2〉 2012년 1월

사방으로 색깔이 옅어지는 표현([그림 27])이 현재 내 마음이 풀어지는 것과 비슷하네. 한 7, 8년 된 모임이 있어. 좋은 일, 기쁜 일이 있을 때 같이 음식도 만들고. 장사 나면 장사일 보고하는 친목 모임. 선생님 만나기 전까지는 감히 그 모임 언니들 앞에서 어떻게 말해. 팔십 넘은 어른들도 있고 한데.

그런데도 모임에서 화투치기 시작하려고 할 때, 내가 잠깐만! 저기 내 말부터 들어 보시오. 여러분, 4·3 겪으면서 제일 생각나는 거 있으면 한 개씩만 말하세요 하는 질문을 내가 했어.

그러니 여기저기서 서로들 나도 말하겠다, 나도 말하겠다고 하는 거야. 결국은 순번을 정해서 순서대로 말하게 되었지. 그중 한 사람이, 4·3 당시 숨어 지내던 사람을 끌어내어 초등학교 운동장 나무에 묶은 다음, 어떤 사람이 소리 지르면서 창을 들고 달려와 그 사람 옆구리에 팍 찌르니까 분수처럼 피가 뿜어져 나왔다고 해. 여덟 살 때 그 광경 보고 정신없이 쓰러져 버렸다고 말하는 사람이 있었어. 그 일은 우리 가족이 총살당한 후에 일어난 거라고 해. 그때 나는 어머니 간호하느라 집에만 있었으니 몰랐지.

김유경: 매우 안타까운 일입니다……. 그런데 모임에서 "4·3 당시 겪었던 일에 대해 말해 보세요."라고 많은 사람 앞에서 이야기하신 것은

[그림 28] 좋은 세상

아주 발전된 모습입니다.

김인근: 응, 선생님이 이렇게 내 마음을 잘
알고 있으니…….

이 그림([그림 28])은 이런 좋은 세
상이 왔구나 하는 것을 표현하고
싶어서 꽃과 나비로 표현한 거야.
그런데도 내 마음을 꽃밭에 비교
할 수가 없어. 그렇지만 내 마음이
좋다 하는 것을 표현하려고 하니,
꽃과 나비로 그린 거야. 뭐라고 말
로 표현할 수가 없어. 4 · 3평화공
원에 처음 갔을 때하고, 시민회관
에서 발표할 때하고는 또 달라. 하
늘과 땅 차이. 그러니 꽃이 얼마나
좋아, 나비가 얼마나 좋아. 그 좋
은 것을 표시하려니 꽃으로 나비
로. 이건 단지 꽃밭을 그린 것이
아니고 좋은 곳을 표현한 거야.

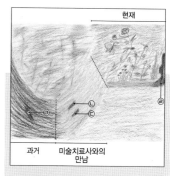

ㄱ. 과거-자신
ㄴ. 자신
ㄷ. 미술치료사
ㄹ. 현재-좋은 세상을 바라보고 있
　 는 자신

[그림 29] 심리적 변화 3

〈심리적 변화 3〉 2012년 8월

김유경: 삶의 색깔이 변화된 모습을 볼 수
있네요.

김인근: 응, 내가 여기(ㄷ)까지 나올 정도니
까. 내가 변화된 거야. 검은색 세
상(ㄱ)을 살다가 빨간 세상(ㄴ)을
보고 노란색 세상(ㄷ)을 보니 기분
이 좋아. 이제는 내 세상이구나.
그렇지만 이것(ㄹ)을 없애 버려야
될 건데……. 아, 이 노란색을 봐
도 마음 한구석에는 이 검은색(ㄹ)
이 내 몸에 조금 있어.

김유경: 말끔하지 않다는 말씀이시죠?

김인근: 응, 이것(ㄹ)이 없으면 검정에서 빨
강 거치고, 노랑으로 가는 3단계
로 해서 싹 지나갈 건데. 씻으려고
해도 씻을 수가 없어. 그러니 검정
에서 빨강, 노랑 3단계로 쭉 이어

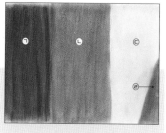

ㄱ. 4·3으로 마음이 짓눌렸던 시기
ㄴ. •4·3평화공원 방문
    •4·3체험담 발표
ㄷ. 미술치료 후
ㄹ. 마음 한구석에 존재하는 알 수
    없는 마음

[그림 30] 그림 29, ㄹ의 알 수 없는 마음(마크 로스코, 〈No. 61〉(녹빛과 파랑), 1953년, 294×232.4cm)

졌더라면 나도 이리 저리 세상을 살다가 떠나가 버리면 편안할 건데. 아, 지금도 마음 한구석에 검은색이 조금 남아 있어…….

김유경: 뭔가 풀리지 않는 마음이 있다는?

김인근: 마음속에 풀리지 않는 그것을 이것이다 해서 지정할 수도 없고. 내가 알 수도 없는. 어딘가 조금 몸에 묻은 것 같아. 옛날에 나, 그렇게 하면서 산 것이 모두 섞어지면서 함께 커 왔던 것 같아. 선생님한테 털어놓고 해서 그전과 비교하면 하늘과 땅 차이. 그전에는 목까지 가득 차면 눈물 터져 버리고 화가 바바바바 나고 그랬는데, 지금은 쑤욱 내려간 기분으로 가슴까지 내려갔는데도……. 어느 한구석에 있는 이 습관은 나 죽어 갈 때 가져가야 되는 것 같아. 이 작품([그림 30])은 나의 그런 마음과 비슷하네. 내 마음 한구석에 나도 모르는 것이 남아 있어.

4·3으로 고통받고 있는 사람이 있다면

나처럼 쭈묵하게(위축되어) 사는 사람이 있으면, 내가 그동안 쭈묵하게 살아왔던 얘기해 주면서 절대 주눅 들지 말라고 하고 싶어. 그때는 우두머리 몇 명이 들어서 지시를 내려 억울하게 당한 거라고. 앞으로 우리가 당당하게 나서서 그때 당했던 일들을 모두 파헤쳐야 한다고 얘기해 주고 싶어. 우리 억울한 것을 힘을 합쳐 헤쳐 나가자고 그렇게 말하고 싶어.

[사진 4] 텃밭에서, 2012년 11월

텃밭에 오면 마음이 편안하지. 이것들 크는 것도 보고, 노래도 부를 수 있고, 누구 들을 사람도 없으니. 그나저나 지긋지긋한 4·3. 4·3 말만 하면 몸부터 떨리기 시작했었는데, 이제는 마음 놓아서 4·3을 말할 수 있어.

지금도 늦지 않았다

눈물로 세월을 보내면서 의지할 곳 없이
지옥생활을 하던 그 때
꿈과 그림을 벗 삼아 살던 그 때
생각만 하여도 지긋 지긋 몸서리가 난다.
그러나 지금, 4.3을 이야기 하고 있다.
이런 세상이 올 줄은 꿈에도 생각 못 했는데.
지금 나는 세상을 다 얻은 느낌이다,
그런데 그 때 살아온 일을
아직 다 말로 표현할 수 있을까 ······.
생각만 하여도 끔찍한 그 때
억울하게 세월을 보내 버린 나는
지금이라도 억울한 4.3을 말할 수 있어
늦지 않았다고 생각한다.
울면서 내버린다면 그건 진짜 억울한
일이다.

지금도 늦지 않았다.

지금도 늦지 않았다

눈물로 세월을 보내면서 의지할 곳 없이 지옥생활을 하던 그때
글과 그림을 벗 삼아 살던 그때
생각만 하여도 지긋지긋 몸서리가 난다.
그러나 지금, 4·3을 이야기하고 있다.
이런 세상이 올 줄은 꿈에도 생각 못했는데.
지금 나는 세상을 다 얻은 느낌이다.
그런데 그때 살아온 일을 어찌 다 말로 표현할 수 있을까…….
생각만 하여도 끔찍한 그때
억울하게 세월을 보내 버린 나는
지금이라도 억울한 4·3을 말할 수 있어 늦지 않았다고 생각한다.
묻혀서 내버린다면 그건 진짜 억울한 일이다.
지금도 늦지 않았다.

김인근과 함께한 시간을 돌아보며

"어이, 어이, 여기야 여기"

옥상에서 어느 할머니가 검은 양산을 쓰고 지나가는 나를 불렀다. 전화상으로 방문하겠다고 이야기한 후 약 2시간이 흘렀을 때였다. 자신이 '김인근'이라며, 옥상에서 내려와 나를 집으로 안내하였다. 대문을 들어서자 넓은 이파리들 사이로 포도송이들이 영글어 가고 있었다. 2009년 여름, 김인근과 나의 만남은 그렇게 시작되었다.

첫 만남에서 4·3 경험을 물었을 때, 올케가 만삭이었을 때 고통받았던 상황을 떠올리며 어렵게 말문을 열었다. 이후 지속적인 만남이 이어지면서 4·3 이야기가 하나둘 펼쳐지기 시작했다. 인터뷰를 마치고 돌아오는 날이면, 나의 마음 한쪽에선 '어떻게 긴 세월을 견디며 살아올 수 있었을까?'라는 물음이 어김없이 되뇌어졌다.

이 책은 미술치료를 통해 제주 4·3의 실상과 생존자의 트라우마를 밝히고, 트라우마를 제거가 아닌 완화함으로써 4·3생존자가 보다 현실적인 삶을 살도록 도움을 주기 위한 것이다. 이를 위한 전반적인 미술치료 과정은 다음과 같다.

인터뷰 주제는 김인근이 주체가 되어 진행하였다. 인터뷰 흐름을 깨뜨리지 않기 위해 모든 이야기가 끝난 후 질문하였으며, 축어록 작성 후의 의문 사항은 다음 만남 때 추가 질문하여 4·3의 과정을 연결해 나갔다. 산문 형식의 글들은 인터뷰가 없는 날 김인근이 자유로운 시간에 한 장, 한 장 쓴 글을 모아서 게재한 것이다.

그림 작업은 현재까지 기억에서 지워지지 않는 장면과 이로 인해 침습된 감정 표현을 중심으로 실시하였다. 이 과정에서 심리적 변화를 알아보기 위해 3권의 자료를 제시하였는데, 김인근은 마크 로스코 작품을 통해 자신의 심리 상태를 이야기하였다. 이 책에 소개된 로스코 작품들은 김인근의 감정이 반영된 것으로, 로스코의 14개 작품이 수록된 포트폴리오에서 그녀가 직접 선택한 것이다.

할 수 있는 한 4·3생존자의 경험과 감정을 생생하게 전달하려고 하였다. 그럼에도 내가 알아차리지 못하는 부분이 있기에 어느 정도의 한계는 있을 것이다. 그리고 김인근은 말한다. "말로 다 표현할 수 없다."고. 그렇지만 "100사람 중에 한 사람만이라도 이 책을 통해 4·3의 실상을 안다면 그것도 큰 것이다."라고 덧붙여 말한다.

트라우마는 관련 기억과 감정을 터놓고 인정할 때 극복할 수 있다. 그 기억과 마주하는 것은 힘들지만, 회피와 억제 그리고 비밀로 간직해서는 당시 고통스러운 기억에 더 깊이 갇힐 뿐이다. 끔찍한 사건의 기억과 관련하여 진실을 증언하는 것은 사회 질서의 회복과 피해자의 치유를 위한 필수 조건이다.

　단지 개인의 상처만이 아닌 제주공동체의 아픔을 대변하고 있는 김인근의 트라우마는 넓게는 수많은 4·3생존자들의 심리적 상처를 반영한다. 국가 공권력에 의해 발생한 트라우마는 생존자뿐만 아니라 그 가족과 지역사회에 적지 않은 영향을 미치기 때문에 지금이라도 4·3생존자들에 대한 치유 방안을 모색해야 한다.

　　　　　　　　　　　　　　　　　　　　　　　　　　김유경

김인근 자녀들의 후기

어머니가 겪었던 외롭고, 무섭고, 슬프고, 서러운 마음을 어떻게 말로 표현할 수 있겠는가! 그러나 그 시대의 일을 세상에 알림으로써 어머니의 마음속 응어리가 조금이나마 풀렸으면 하는 바람이다.

- 첫째 아들

어느덧 세월은 흘러 마음의 변화가 오기 시작했다. 용서와 화해를 함이 곧 나의 위안이라는 것을 깨달았다.

- 둘째 아들

옛날이야기처럼 듣던 어머니의 슬픈 과거를 이렇게 글로 마주하고 보니, 현실에선 일어나지 말아야 할 진실 앞에 목이 메고, 숙연해진 가슴이 먹먹해져 감히 뭐라고 말할 수가 없다. 그렇게 힘든 어마어마한 일들을 혼자 견뎌야 하셨을 어머니를 생각하면 그저 미안하고 죄송할 뿐이다.

- 첫째 딸

나는 지금까지 많은 책을 읽었지만 이처럼 슬프게 눈물 흘린 책은 처음이다. 4·3이 없었다면 어머니는 형제들과 즐거운 인생을 살았을 텐데⋯⋯. 가슴이 저린다.

– 둘째 딸

4·3을 이야기로만 들었을 때는 실감하지 못했다. 그러나 어머니의 글을 읽고 나서야 어떻게 사셨는지 알게 되었다. 눈물이 앞을 가린다.

– 막내딸

어머니의 삶을 기억하며

참고문헌

제민일보4·3취재반(1994). 4·3은 말한다 2. 서울: 전예원.

제주4·3연구소(2011). 4·3 트라우마, 그 치유의 모색(토론문). 고통의 기억은 치유될 수 있는가-개인의 치료와 사회적 치유의 연관성(이영문). 제주4·3 63주년 기념 전국학술대회. 13-15.

제주4·3연구소(2011). 4·3 트라우마, 그 치유의 모색. 4·3 후유장애자의 외상 후 스트레스 장애와 우울증(김문두). 제주4·3 63주년 기념 전국학술대회. 40-60.

제주4·3사건진상규명 및 희생자명예회복위원회(2003). 제주4·3사건진상조사보고서. 서울: 선인.

제주4·3진상규명과 명예회복을 위한 도민연대(2008). 4·3 당시 서울서대문·마포형무소 수형인 진상규명의 현주소. 제주: 반석원색인쇄사.

American Psychiatric Association (2000). *Diagnostic and Statistical Manual of Mental Disorders* (4th ed.). Text Revision. Washington, DC: American Psychiatric Association.

Chomsky, N. (2003). 특별기고-대통령 사과의 의의·노암 촘스키. 4·3과 역사, 제3호, 8-9.

Conference between Under Secretary Draper and Mr. Syngman Rhee, March 28 1948, Memorandum for Record, Department of the Army.

Merrill, J. (1980). The Cheju-do Rebellion. *Journal of Korean Studies, Vol. 2.*

Rothko, M. (2006). *Mark Rothko: Portfolio*. 서울: 마로니에 북스.

"Report on the Internal Insurrections after April, 1948, made by Minister of National Defence, Lee Bum Suk," December 14, 1948, RG 338: Records of US Army Commands, Entry: Provisional Military Advisory Group(1948-1949) and Korean Military Advisory Group(1949-1953), Box 11 ; 『國會速記錄』 제1회 제124호, 1948년 12월 8일 ; 『國際新聞』, 1948년 12월 9일.

한성일보, 1946년 10월 22일-Hq. USAFIK, G-2 Weekly Summary, No. 59, October 31, 1946.

『國會速記錄』 제1회 제124호, 1948년 12월 8일.

『國際新聞』, 1948년 12월 9일.

김유경은 제주 출생으로 제주대학교 미술학과와 같은 대학 교육대학원에서 미술교육 석사과정을 마치고, 영남대학교에서 미술치료학 박사학위를 받았다. 현재 제주대학교에 출강하고 있다. 논문으로는 「제주 4·3생존자의 트라우마와 미술치료적 접근」 외 다수가 있다.

김인근은 제주 4·3 생존자다.

제주 4·3생존자의 트라우마
그리고 미술치료

2014년 3월 10일 1판 1쇄 인쇄
2014년 3월 20일 1판 1쇄 발행

지은이 • 김유경 · 김인근
펴낸이 • 김진환
펴낸곳 • (주) **학지사**
　　　　121-837 서울시 마포구 서교동 352-29 마인드월드빌딩 5층
대표전화 • 02)330-5114　　　팩스 • 02)324-2345
등록번호 • 제313-2006-000265호

홈페이지 • http://www.hakjisa.co.kr
커뮤니티 • http://cafe.naver.com/hakjisa

ISBN 978-89-997-0299-0 03180

정가 14,000원

저자와의 협약으로 인지는 생략합니다.
파본은 구입처에서 교환해 드립니다.

인터넷 학술논문 원문 서비스 **뉴논문** www.newnonmun.com

이 도서의 국립중앙도서관 출판시도서목록(CIP)은 서지정보유통지원시스템 홈페이지(http://seoji.nl.go.kr)와 국가자료공동목록시스템(http://www.nl.go.kr/kolisnet)에서 이용하실 수 있습니다.
(CIP제어번호: CIP2014003953)